——图说名人——

《图说名人》编委会 编著

诺贝尔

富有的发明家

Nuobeier
Fuyou De Famingjia

南海出版公司

图书在版编目（CIP）数据

富有的发明家——诺贝尔 /《图说名人》编委会编著. -- 海口：南海出版公司，2015.9（2024.8重印）
ISBN 978-7-5442-7992-5

Ⅰ．①富… Ⅱ．①图… Ⅲ．①诺贝尔，A.B.（1833～1896）－传记 Ⅳ．①K835.326.13

中国版本图书馆CIP数据核字（2015）第204947号

FUYOU DE FAMINGJIA——NUOBEIER
富有的发明家——诺贝尔

编　　著	《图说名人》编委会
责任编辑	张蕾
出版发行	南海出版公司　电话：（0898）66568511（出版） （0898）65350227（发行）
社　　址	海南省海口市海秀中路51号星华大厦五楼　　邮编：570206
电子信箱	nhpublishing@163.com
经　　销	新华书店
印　　刷	天津旭丰源印刷有限公司
开　　本	787毫米×1092毫米　1/16
印　　张	7
字　　数	80千
版　　次	2015年12月第1版　2024年8月第3次印刷
书　　号	ISBN 978-7-5442-7992-5
定　　价	36.00元

南海版图书　版权所有　盗版必究

前言 TUSHUOMINGREN

阿尔弗雷德·贝恩哈德·诺贝尔（Alfred Bernhard Nobel），1833年10月21日出生于瑞典的斯德哥尔摩，1896年12月10日逝于意大利圣雷莫。他是瑞典化学家、工程师、发明家和实业家，诺贝尔奖的创立人。

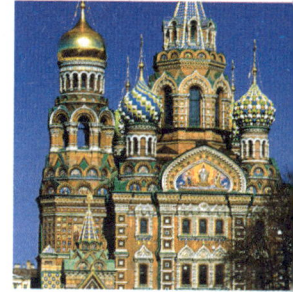

诺贝尔从小体弱多病，但意志顽强，不甘落后。他一生的大部分时间都在忍受着疾病的折磨。他终生未婚，没有子女。他将毕生精力致力于科学研究与发明，获得专利355项。这些发明使诺贝尔在世界化学史上占有重要地位。诺贝尔生平所发明的炸药有：猛炸药、无烟炸药、"巴立斯梯"或称C89号。1884年，诺贝尔加入瑞典皇家科学院、伦敦的皇家学会和巴黎的土木工程师学会。1880年，诺贝尔获得瑞典科学勋章和法国大勋章。他在五大洲二十个国家开设了约一百家公司和工厂，拥有全世界炸药制造业的股份，加上他在俄国巴库油田的产权，积累了巨额财富。

逝世前，诺贝尔立下遗嘱，将约920万美元的遗产作为基金，以其年息(初期每年约20万美元)设立物理学、化学、生理学或医学、文学以及和平五种奖金（1968年瑞典国家银行增设经济学奖金），奖励当年在上述领域内作出最大贡献的学者。从1901年开始，奖金在每年诺贝尔逝世日12月10日颁发，奖励那些在物理学、化学、生理学或医学、文学及和平方面作出重大贡献和向科学高峰努力攀登的人。

今天，以他的名字命名的科学奖，已经成为举世瞩目的最高科学大奖。他的名字和人类在科学探索中取得的成就一起永远留在人类社会发展的文明史册上。

目录

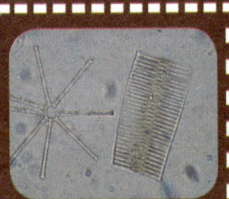    

炸药家族

卓越的一家人 / 1

工厂主家庭 / 9

爱玩火药 / 15

去美国留学 / 21

回到俄国 / 23

研究炸药 / 27

发明新炸药

发明雷管 / 35

工厂大爆炸 / 42

甘油炸药 / 55

可塑炸药 / 65

家族的事业 / 70

石油之城——巴库 / 76

飞行炮弹 / 82

在法国遭遇挫折 / 89

和平的使者

多方面的发明 / 93

最后的遗嘱 / 98

卓越的一家人

炸药家族

◇ 图 说 名 人 ◇

名人名言

人生最大的快乐不在于占有什么，而在于追求什么的过程中。
——诺贝尔

阿尔弗雷德·诺贝尔的母亲卡罗琳娜生前一直津津乐道于诺贝尔家族的一位先祖，并引以为荣。这位先祖就是奥拉夫·卢德贝克。

卢德贝克曾经是乌普萨拉大学的校长。这位杰出的先祖在数学、物理、化学、天文、植物、动物、解剖、建筑和机械等各方面都表现出了出色的天赋，他的兴趣之广令人咋舌。如果非要给他冠个头衔，我们还是叫他医生和建筑师吧。

二十二岁那一年，卢德贝克就发现了淋巴腺及其功能，为血液循环理论作出了重要的补充。在他任职的乌普萨拉大学，他兴建了一座解剖室；他还曾经雄心勃勃计划写一部十二卷插图本植物学著作，并在瑞典建立起第一座植物园。另外，这位在自然科学领域建树颇丰的校长还在瑞典文学史上留下了浓墨重彩的一笔，他发掘了一些极具史料价值的瑞典神话传说。

总之，卢德贝克知

※ 卢德贝克

识渊博，多才多艺。卡罗琳娜一直坚持认为："只有我的儿子阿尔弗雷德才继承了卢德贝克的非凡智慧，才配得上他那样的天才。"

事实上，不光是阿尔弗雷德，诺贝尔一家个个才华横溢，成就卓著。

阿尔弗雷德·诺贝尔的父亲是伊曼纽尔·诺贝尔。

伊曼纽尔出生的时候，他那可怜的父亲已躺在了坟墓里，把那个穷得揭不开锅的家留给了妻子和儿子。这位父亲生前也没有什么值得骄傲的地方。他曾在俄国军队里干过活，帮军人理发，同时还担当外科医生。不过这位"医生"没有受过任何正规的训练，他给人治病完全靠的是经验和摸索，未免有点江湖郎中的味道。

跟他父亲一样，伊曼纽尔没有条件上学读书，不过他脑子灵光，比一般人更聪明，而且手脚勤快，吃苦肯干。虽然如此，在后来的发展中，伊曼纽尔终归还是因为没有受过系统教育而受到许多限制。

穷人的孩子早当家。为了生活，伊曼纽尔从很小的时候起就开始走南闯北。十六岁那年，他干脆离开了家，登上一艘名为"忒提斯号"的货船，当起了船舱侍者。货船开到埃及的时候，伊曼纽尔便登上岸，开始了在埃及谋生的日子。

一开始，伊曼纽尔凭借自己年轻力壮，找一些敲敲打打的零碎

知识链接

淋 巴 腺

哺乳类特有的周围淋巴器官，由淋巴细胞集合而成。呈豆形，位于淋巴管行进途中，是产生免疫应答的重要器官之一。

人体有成百上千的淋巴结，它的功用与"烽火台"差不多。正常人浅表淋巴结很小，直径多在0.5厘米以内，表面光滑、柔软，与周围组织无粘连，亦无压痛，平时是"风平浪静"的。但当某处淋巴结肿大或有其他异常时，表明所属区域器官有病变发生。当细菌从受伤处进入机体时，淋巴细胞会产生淋巴因子和抗体，有效地杀灭细菌。"斗争"的结果是淋巴结内淋巴细胞和组织细胞反应性增生，使淋巴结肿大，称为淋巴结反应性增生；能引起淋巴结反应性增生的还有病毒、某些化学药物、代谢的毒性产物、变性的组织成分及异物等。癌症经淋巴转移时，也会引起淋巴结肿大，先聚集于边缘窦，以后生长繁殖而累及整个淋巴结。因此，肿大的淋巴结是人体的烽火台，是一个报警装置。

富有的发明家——诺贝尔

活计。不过,他在干活的时候还多长了个心眼,他边干边细心观察,并在心里暗暗琢磨研究别人的手艺。由于悟性极高,伊曼纽尔慢慢地学会了一套建筑本领。后来,总督穆哈默德·阿里雇佣他干活,从此伊曼纽尔成了一位名副其实的建筑师。

三年后,伊曼纽尔回到了瑞典。屁股还没坐稳,一个好机会就降临到了这位能干的年轻人头上。

伊曼纽尔得知,国王查理四世和他的随从即将路过他的家乡。这可让家乡那群乡下人忙坏了,他们准备了各种仪式来欢迎国王。聪明的伊曼纽尔也动起了脑筋。

"我记得以前曾经听人说起,查理四世在罗马的时候,凯旋门给他留下了深刻的印象,令他赞不绝口。如果我能依样仿制一座的话,国王一定会很高兴的。"

于是,能干的伊曼纽尔当即建造了一座惟妙惟肖的凯旋门,向国王献礼。这座仿制的建筑物虽然比不上原物壮丽精美,却也颇具神韵。

"想不到在这么一个穷乡僻壤还有这等能工巧匠!"国王见了之后龙颜大悦,伊曼纽尔的凯旋门着实讨了国王的欢心,小地方也顺带沾了光。

有了这一番经历,伊曼纽尔自然受到了关注。不久,在两位杰出的瑞典建筑师资助下,1821年,他进入斯德哥尔摩建筑学校学习深造。在学校里,聪明的伊曼纽尔成

※ 罗马凯旋门

绩优异，他曾四次获得发明奖，连校长都为他高兴。

第一次，伊曼纽尔研制的风力推动的抽水机模型，获得了六十泰勒的奖金，这是学校当时颁发的最高奖金；第二次，他凭借自己研制的一台精巧的活动房屋模型，又拿到了六十泰勒；随后，他设计制作的一种螺旋形盘梯模型和一种新式的印染机又先后得奖。

1825年以后，伊曼纽尔又转到了工程学校学习。在工程学校期间，他因为发明亚麻精整机而获得该校的年度奖学金。

虽然伊曼纽尔成绩卓著，但是这两所学校都只是不太正规的夜校，专门为那些需要充电的成年人而设立。所以，伊曼纽尔在那里都没有读到毕业，而把大量的宝贵时间都花在了自己琢磨、进行发明创造上。

在斯德哥尔摩的这段时期，伊曼纽尔完成了不少新的建筑工程。他曾进行过关于"多动木房"的设计实验，建造了浮桥，还造出了各种机床，这些机床获得了人们的好评。1828年，伊曼纽尔发明的"诺贝尔机械运动"还获得了专利权。"诺贝尔机械运动"是一种将循环运动改为前后运动的新方法。在这种方法的基础上，造出了十个滚轮的碾压机。

二十六岁那年，伊曼纽尔已经成长为一个开朗、热情、雄心勃勃的青年了。他仪表堂堂，一头亚麻色的头发随风飘动，两眼常因思索而熠熠发光，笔挺的身姿犹如军人，加上奔放的性格，使他看起来显得格外高大壮实。这个小伙子足智多谋，浑身上下有使不完的劲儿，赢得周围人的交口称赞，他的地位和事业也逐渐稳定下来。

这一年，伊曼纽尔把富裕的阿尔塞尔家的女儿卡罗琳娜迎娶过门，并且搬进了一所舒适的公寓。随后的几年，大儿子罗伯特和二儿子路德维格相继出生了。

卡罗琳娜比伊曼纽尔小三岁，虽说出生于富人家庭，但卡罗琳娜绝不是娇滴滴的大小姐，丝毫没有一般富人孩子娇生惯养的坏毛病。这位女性为人质朴坚定，话语不多，而且吃苦耐劳。她还是

※伊曼纽尔·诺贝尔

富有的发明家——诺贝尔

一个虔诚的基督教徒，对遭遇世间苦难和不幸的人们怀着真诚的同情和怜爱，并以帮助别人作为自己最大的快乐。

伊曼纽尔是一个天才，他脑子里有无穷的想法，各种怪念头层出不穷，他的许多设想和研究都与阿尔弗雷德·诺贝尔的成就息息相关。可惜，由于缺乏必要的技术教育，伊曼纽尔有时候无法辨认什么是真正可行的计划，什么又只是离奇的想象。伊曼纽尔天性乐观热情，却并不是一个精明的商人，他做事情凭着一股子热情和冲动，却懒得进行统筹规划，对可能遭遇到的困难和障碍不能未雨绸缪。他曾经拥有大规模的企业，可是他对研究工作的兴趣远远大于经营企业的责任感。这些个性缺点是让伊曼纽尔屡遭挫折的一个重要原因。幸好他豪爽豁达，这些挫折都不曾使他失意介怀。

现在我们该讲讲伊曼纽尔三个天资聪颖的儿子了。

大儿子罗伯特出生于1829年6月8日，经历相对较为简单。他一生中最重要的成就是发现了巴库油田并和他的兄弟一道创建了规模巨大的诺贝尔兄弟石油公司。这个公司对俄罗斯帝国的国防、工业和海陆运输等各个方面的发展都发挥了重要的作用。在公司创业的最初几年，罗伯特亲自驻守在天寒地冻的巴库，组织指挥当地的技术工作，为石油公司日后的发展打下了扎实的基础。

✤罗伯特

直到后来因为病重，罗伯特才不得不辞去职务。

在那个时代，有一位名叫马因夫的人写了一本书，在书中他这样描写罗伯特和他的弟弟：

两位瑞典人，罗伯特·诺贝尔和路德维格·诺贝尔，完全改变了俄国的石油工业以及俄国在里海的工业和政治状况。正如阿尔弗雷德·诺贝尔利用他的黄色炸药改变了采矿操作方法和战争技艺一样，他们也给予民主不可估量的力量。

不过，从个性上说，罗伯特比他的两个同胞兄弟更容易悲观失落，也更容易拘泥于小节。父亲伊曼纽尔在圣彼得堡破产之后，罗伯特就久久不能从这次打击中振作起来。

二儿子路德维格生于1831年7月27日。他年轻时在圣彼得堡父亲的工厂中帮忙办事，才干逐渐得到显露，并成长为一名出色的机械工程师。父亲破产之后，路德维格在维堡买下一家小工厂。在他的悉心经营之下，工厂逐渐发达起来。在19世纪六七十年代，路德维格曾致力于制造步枪和手枪。

巴库油田发现之后，路德维格在油田的经营和管理中扮演了重要的角色，他对油田的工作进行了许多技术上的改进，在许多方面都堪称世界首创。尤其在罗伯特因病退职后，路德维格更是一手包揽了巴库油田的大小事务。在他的领导下，油田的规模成倍扩大，诺贝尔兄弟石油公司逐渐成为一个庞大的企业。像他父亲一样，繁重的事务不仅没有压垮路德维格，反倒让他如鱼得水。在各种压力之下，他天生的创造力和魄力一点一点被激发出来，并发挥得淋漓尽致。

路德维格天生具有企业家与领导者的良好素质，拥有旺盛的精力和远大的目光。他还是个不折不扣的"工作狂人"，最常挂在他嘴边的一句话就是："不工作的人不要吃饭。"

工作之余，路德维格还不忘给自己充充电，吸收人类文明的伟大成果。他兴趣广泛，爱好哲学和文

知识链接

伏尔泰

伏尔泰原名弗朗索瓦－马利·阿鲁埃，伏尔泰是他的笔名。法国启蒙思想家、文学家、哲学家。伏尔泰是18世纪法国资产阶级启蒙运动的旗手，被誉为"法兰西思想之王""法兰西最优秀的诗人""欧洲的良心"。

伏尔泰不仅在哲学上有卓越成就，也以捍卫公民自由，特别是信仰自由和司法公正而闻名。他曾两次被捕入狱，主张开明的民主制度，强调自由与平等。尽管在他所处的时代审查制度十分严厉，伏尔泰仍然公开支持社会改革。他的论说以讽刺见长，常常抨击基督教会的教条和当时的法国教育制度。雨果曾评价说："伏尔泰所代表的不是一个人，而是一个世纪。"他提倡卢梭所倡导的天赋人权，认为人生来就是自由与平等的，一切人都具有追求生存、追求幸福的权利，这种权利是天赋予的，不能被剥夺，这就是天赋人权思想。

富有的发明家——诺贝尔

学，尤其钟情于法国作家伏尔泰。路德维格想象力丰富，对各种艺术形式都有不凡的鉴赏能力，能提出自己的真知灼见。

这位果断坚毅的企业家感觉敏锐、虚怀若谷，很善于体贴别人。

拿他对待员工的态度来说，路德维格同情、爱护他手下的工人，热心为他们谋取各种福利。他为工厂的工人建造起住宅区，有家室的住在比城里还要好的房子里，未婚的工人住在公寓里。对于不愿意住在巴库的人，工厂还派出轮船随时接送。他还想方设法改善工人们的生活状况，让他们尽量过得舒适自在，以便把全部精力投入到工作之中。为了不使工人们入不敷出，让他们在经济上稳定下来，路德维格还设法拨出一笔款子建立了一所储蓄银行，鼓励人们把钱存到银行里来。

这么好的老板自然受到了他的助手、职员和工人们的一致爱戴和拥护。他们为拥有这样一位深明大义、仁慈体贴的老板而庆幸不已。工厂里几乎没有主动要求辞职的工人，相反，他们平时总是能主动替路德维格考虑。

伊曼纽尔的三儿子阿尔弗雷德·诺贝尔是本书的主角，也是那个时代最伟大的人物之一。

提到他，我们不能不提他的一系列创造发明。阿尔弗雷德是一位当之无愧的大发明家，他知识渊博，在许多方面都有建树。他的一生硕果累累，总共取得了将近四百项科学发明的专利，为合成化学的发展做出了杰出的贡献。

阿尔弗雷德提出了用不挥发溶剂溶解硝化纤维素制造人造革、人造橡胶的想法。虽然这一设想在他生前未能实现，但却为后人制造人造革和人造橡胶开拓了思路。他还是人造丝工业的先驱者之一，发明了用来挤压喷注人造丝的玻璃管。

就在阿尔弗雷德六十岁那一年，在风湿和心脏病的双重折磨下，这位花甲老人还取得了十五项专利。

当然，炸药的发明是阿尔弗雷德留给世人最辉煌灿烂的一项成果，硝酸甘油引爆法、雷管、达纳炸药、炸胶、无烟炸药以及速爆炸药、缓性炸药等发明，在19世纪后期为工业生产的迅猛发展提供了强大的动力，为人类开发自然带来了福音。炸药得到了广泛的使用，一条条铁路相继通车，一座座矿山得到开采发掘。

除了自己发明创造，阿尔弗雷德还热情资助别人。他慷慨地承担了恩盖上尉试验"空中鱼雷"的费用，并且亲自参与了相关研究。现代生活中人们使用的变速齿轮自行车、消除留声机杂音的减音器等发明，也都曾经得到阿尔弗雷德的热心赞助。

阿尔弗雷德不光是个发明家，还是个显赫一时的大企业家。他的公司遍布世界各地，并组合成两个规模巨大的托拉斯。这个庞大的实业帝国对整个世界都具有举足轻重的影响。

不过，让阿尔弗雷德·诺贝尔家喻户晓的还是他用自己的巨额遗产设立的诺贝尔奖。一年一度的诺贝尔奖如今已经深入人心。不论是科学家、文学家，还是政治家、经济学家，无不以获得诺贝尔奖作为自己所能得到的最高荣誉。不管谁捧走这个奖，他所在的国家必然举国欢腾。总之，诺贝尔奖已经成为具有世界意义的大奖。

年轻的牧师苏德勃罗曾经这样描述阿尔弗雷德：

当他孤零零死去时，没有妻儿在旁边给他安慰……他的天性，既不为名利所动，又不为孤独所苦，直到他生命的末日。他是热心的、仁爱的。在他的生活里，处处表现出高贵的品德。

这段评价恰如其分地概括了阿尔弗雷德的一生。现在，就让我们翻开这位杰出人物一生的篇章，跟他一起经历一番风风雨雨吧！

知识链接

硝 酸 甘 油

又称硝酸甘油酯、三硝酸甘油酯、三硝酸丙三酯，是甘油的三硝酸酯，是一种爆炸能力极强的炸药。1847年由都灵大学的化学家索布雷洛发明。常有人误认为"硝酸甘油"是瑞典化学家阿尔弗雷德·诺贝尔发明的，事实上诺贝尔只是当时最大的硝酸甘油制造商，让他致富的是在1866年利用硝酸甘油制造出的硝酸甘油炸药。

硝酸甘油由甘油经硝酸与硫酸的混合以3∶1的浓度比硝酸化制得。此实验具有致命的危险性，硝酸甘油在室温下或由桌面高度掉落地面即可引爆。

诺贝尔发明了一种使硝酸甘油稳定的方法，至今已发展到数百种配方，但原理都是把硝酸甘油和挥发性低的次级炸药、各类其他配料、黏结剂和填充料等混合在一起，如硝化纤维、硅藻土等等。

富有的发明家——诺贝尔

工厂主家庭

阿尔弗雷德·诺贝尔，乍听之下很像英国人的名字，因此有些人怀疑他的祖先是迁居瑞典的英国移民，事实上他是真正土生土长的瑞典人。他历代的祖先都以诺贝尔利物斯为姓，不知为何从他祖父时代起简化为诺贝尔。

阿尔弗雷德的父亲伊曼纽尔·诺贝尔就是个发明狂，一生中有过不少的发明。秉承了父亲创造发明的兴趣，再加上先天和后天的优良条件，阿尔弗雷德·诺贝尔最终成为历史上伟大的发明家。

※ 美丽的斯德哥尔摩

知识链接

斯德哥尔摩

斯德哥尔摩是瑞典首都及第一大城市，全国政治、经济、文化中心，面积一百八十六平方千米。斯德哥尔摩大区包括周围四个市区，人口共一百八十六万，位于辽阔的波罗的海西岸，坐落在梅拉伦湖入海处，市区分布在十四座岛屿和一个半岛上。市内水道纵横，七十余座大小桥梁把它们联为一体，素有"北方威尼斯"的美誉。

斯德哥尔摩在英语里意为"木头岛"。城市始建于公元13世纪中叶。那时，当地居民常常遭到海盗侵扰，于是人们便在梅拉伦湖的入海处的一个小岛上用巨木修建了一座城堡，并在水中设置木桩障碍，以便抵御海盗，因此这个岛便得名"木头岛"。关于斯德哥尔摩这个名称，在当地还有传说，即古时梅拉伦湖上漂浮着一根巨大的木头，引导来自锡格蒂纳的第一批移民至此，建立了这座城市。另有这样的传说：以前这里一片荒凉，海浪冲来的遇难船只的碎片堆满海滩，当地居民便捞取这些木片搭起简陋的小屋。由于这些木片均不成块，只是一条条木头样的废料，因此，搭起的房子东倒西歪。

1250年，这种碎木房屋在小岛上形成了一条街，外国船只开到这里进行商贸活动，看见街上的房屋如此模样，不禁感到好笑，随口喊出"斯德哥尔摩"。"斯德哥"是木头的意思，"尔摩"则是岛的意思，合起来为"木头岛"。由于斯德哥尔摩地理位置适中，气候温和，环境优美，在1436年被定为都城，并逐渐发展成为斯堪的纳维亚半岛上的最大城市。

斯德哥尔摩既有典雅、古香古色的风貌，又有现代化城市的繁荣。在老城区，有金碧辉煌的宫殿、气势不凡的教堂和高耸入云的尖塔，而狭窄的大街小巷显示出中世纪的街道风采。在新城区，则是高楼林立，街道整齐，苍翠的树木与粼粼的波光交相映衬。在地面、海上、空中竞相往来的汽车、轮船、飞机、鱼鹰、海鸥，给城市增添了无限的活力，而远方那些星罗棋布的卫星城，更给人们带来一抹如烟如梦的感觉。

斯德哥尔摩也是一座文化名城，市内有五十多座博物馆，如民族、自然、美术、古文物、兵器、科技博物馆等，分门别类，各有千秋。在斯坎森露天博

富有的发明家——诺贝尔

物馆,有一百五十座从瑞典各地搬来的农家小舍,风格各异,生动形象地向人们展现出瑞典古代劳动人民所度过的那些简朴而富有意义的岁月。还有藏书达一百万余册的皇家图书馆和拥有一百多年历史的斯德哥尔摩大学等。

自1809年以来,瑞典一直没有卷入各种战争之中。在两次世界大战中,因瑞典宣布为中立国,居民照常过着平静安宁的生活,斯德哥尔摩因此被人们称为"和平的城市"。

伊曼纽尔是一位建筑师,即使再怎么穷,仍然为自己建了一栋小屋,并为他自己设计了一间研究室。

他热衷于研究发明,这使他在精神上得到了很大满足。但不能否认的是,他所创造发明的东西都未能受到大众的欢迎,以至于生活依旧贫苦不堪。

伊曼纽尔的发明多半趋于理想而忽略了实用的价值,例如有一天,他拿着一个偌大的橡皮袋,出现在太太与三个儿子的面前,他说:"大家看这是什么?"

"我知道,一定是帐篷!"

"才不是呢,应该是登山袋!"

孩子们争先恐后地猜测着。

"哈哈,你们都很聪明,它既是帐篷也是登山袋。看!穿起来又像是防雨的披风。"

"哇,太好了,爸爸!"孩子们高兴地嚷着。

"嗯,不只这样,还可以浮在水面上靠它来渡河呢!"

"好棒啊,真是探险的好工具。"

"不、不、不,这是为军队设计的,是行军时最方便的用品。"

像这样方便又有用的袋子,在当时却没有一个国家的军队对它感兴趣。所以诺贝尔一家人一直不曾因此项发明富裕过。

1833年,也就是阿尔弗雷德出生的那一年,由于遭遇一场火灾,全家人的生活陷入了困境。

伊曼纽尔虽然拼命地去找工作,但老天似乎有意和他为难,没有一件工作找得顺利。在无以为生的情况下,他只好于1837年离开妻儿,只身前往芬兰。

但在芬兰他仍没有谋得好的职业,于是又辗转来到了俄国。

老天不负有心人,他终于在圣彼得堡找到一份工作。在此他的发明才华得以萌芽、滋长,因而有了日后的成就。

知识链接

圣彼得堡

圣彼得堡位于波罗的海芬兰湾东岸,涅瓦河河口,是俄罗斯第二大城、重要的工业中心和交通枢纽。城市发端于1703年,彼得大帝在涅瓦河口的查亚茨岛上建立要塞,后扩建为城,称圣彼得堡。1712年,俄国首都从莫斯科迁到这里,持续二百余年。1914年改称彼得格勒,1924年列宁逝世后又命名为列宁格勒,1991年苏联解体后恢复圣彼得堡旧名。

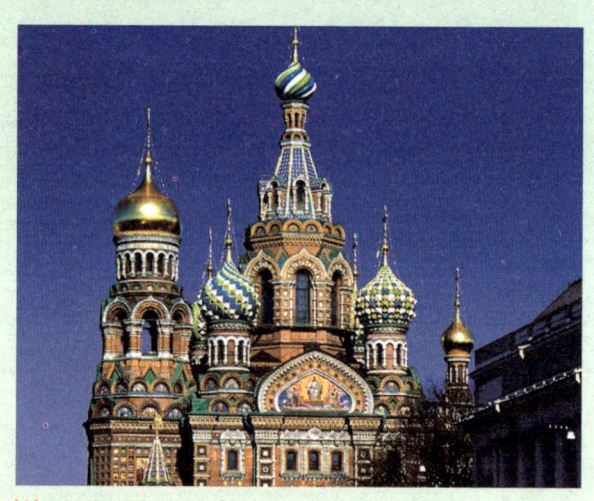
※圣彼得堡标志性建筑——基督复活教堂

涅瓦河三角洲上数十条纵横交错的水道和运河,把大地分割成近百个小岛,靠四百多座桥梁相连,使圣彼得堡具有独特的"水城"和"桥城"景观。中心城区在大涅瓦河南岸,全市最繁华的涅夫斯基大街(涅瓦大街)横贯城区,海港、河港和各类工厂分布在外围的瓦西里耶夫岛区、彼得格勒区和维堡区。昔日帝都留下的俄罗斯古典建筑群和名胜古迹比比皆是,如彼得罗巴甫洛夫斯克要塞、冬宫与皇宫广场、夏花园与夏宫、海军总部大厦、圣伊萨克大教堂、十二月党人广场、斯莫尔尼宫……涅瓦河哺育了灿烂辉煌的俄罗斯文化,使圣彼得堡成为著名的科学文化城。罗蒙诺索夫、门捷列夫、普希金、果戈理等许多杰出的人物都在这里生活和工作过。城内拥有数以百计的科研机构,数十所高等院校以及众多的博物馆和图书馆、影剧院等。

富有的发明家——诺贝尔

他的成功不仅改善了家庭的经济状况,更重要的是给他的幼子阿尔弗雷德带来极大的启示,促成其后来的伟大成就并赢得"火药王"的头衔。

阿尔弗雷德·诺贝尔出生于1833年10月21日。

当时他们一家人的生活极为困苦,由于营养不良,瘦小虚弱的阿尔弗雷德经常感冒、发烧,这使父母为他操了很多的心,但他聪慧的天资却远胜于两位哥哥,因此深得父母的喜爱。

七岁的那一年,父亲远行俄国,他便在母亲的爱护下成长。

八岁时,他就读于镇上一所小学。由于身体的虚弱使他不得不经常请假,但智慧过人的他,学业非但不落人后,反而比其他同学更为优秀。

"这孩子经常生病,恐怕跟不上课程的进度。"母亲忧虑地对老师说。

"这你尽管放心,他聪敏好学,功课一向很好,尤其是作文。虽然他父亲是学建筑的,但他以后恐怕会和他父亲走相反的道路,成为一位优秀的文学家。"老师这样安慰着诺贝尔的母亲。

在一个父亲常年在外,而由母亲全力支撑的家庭里,阿尔弗雷德日渐长大了。

由于身体瘦弱,经常生病,阿尔弗雷德没有太多的玩伴。他经常独自玩耍,不像一般小孩子那样活泼好动。

他喜欢安静地看童话故事或到草原上散步,去摸摸青草、虫儿,或捡捡小石头赏玩一番。

阿尔弗雷德的外婆很疼爱他,经常为他讲一些瑞典和丹麦的童话故事。这时的他总是乖巧地静静聆听,脑海里充满了无尽的遐想。

或许是这个原因,激发了阿尔弗雷德的幻想,使他也想奔赴父亲所在的遥远的俄国去。

在校园里,他经常远离同学,独自坐在树荫下看着天空中变幻不定的云彩,或观察地面上昆虫的各种活动。他所表现出的浪漫情结,以至于老师很有把握地断定他将来必会成为诗人或文学家。

老师的看法的确是有几分正确性,他对文学的兴趣极浓厚,也曾作过诗歌和小说。

但这种单独玩耍的个性及对大自然观察入微的情形,其实是他将来长大后细心研究和发明能力的雏形。

父亲到俄国一转眼已有三年的时间了。此时,阿尔弗雷德也已经九岁。就在这一年秋天,家人收到了父亲从俄国寄来的信。

父亲在信中对以往家中艰难的生活向家人表示极大的歉意,并说明最值得庆幸的是全家人就要在俄国共同创造美好的生活。

原来伊曼纽尔在圣彼得堡已经拥有一个制造军用机械的工厂,身为瑞典籍的发明家,他深受俄国政府的重视。

"太好了!"

"我们就要和爸爸见面了!"

"圣彼得堡是一个很大的城市吧!"

大家兴高采烈地揣测、憧憬着未来。

这时,老大罗伯特十三岁,老二路德维格十一岁,阿尔弗雷德也已经九岁了。于是一家人为了准备搬家而忙碌起来。

1843年10月21日,也就是阿尔弗雷德十岁生日的那天,一家大小怀着无限的欢乐和希望离开瑞典,乘坐轮船渡过波罗的海向俄国的圣彼得堡出发了。

※斯德哥尔摩美丽夜景

富有的发明家——诺贝尔

爱玩火药

圣彼得堡市街中心有座高耸的寺塔及圆形的屋顶，屋顶上直立的尖柱和建筑物间石砌的大道，这些都与斯德哥尔摩迥然不同。

他们乘坐的马车轻快地奔跑着，车轮时时发出"喀啦喀啦"的声音，好像在为他们喝彩。

即将骨肉重逢，诺贝尔一家人再也隐藏不住内心的兴奋和喜悦，他们脸上无时不展露着笑意。孩子们更是左顾右盼，他们似乎对异国大城市中的每一件事物都感到惊奇。

※圣彼得堡

当伊曼纽尔看到已经长大的孩子们，尤其看见阿尔弗雷德活泼、健康、快乐的模样，心中更充满了无比的欣慰。

"嘿，你们都长高了。阿尔弗雷德，听说你的成绩一向很不错！"

"爸爸才棒呢，而且也比以前更强健了！"

"哈哈，工作顺利，自然就心宽体胖了。待会儿回到家后带你们去参观工厂，好不好？"

"哇，好啊！爸爸的工厂是做什么的？"

"制造火药。"

"太棒了！"

孩子们张大眼睛高兴地比手画脚。

"爸爸，火药是装大炮用的吗？"

"不错，是装在大炮、枪和水雷里面的。"

"什么是水雷？"

"是一种埋藏在水面下的不动的雷。当不知情的船舰通过时，会因触碰而发生爆炸，把船舰摧毁。"

在摇晃不定的马车中，阿尔弗雷德仔细听着父亲和哥哥们的对话，眼睛还不停地浏览两旁奇特的景致。

不久，他们就到家了。

※19世纪沙皇大炮

"今后你们三兄弟要相互勉励，努力求学，这样才能成就比父亲更伟大的事业，你将来打算做什么？罗伯特！"

"我一定要成为伟大的技师！"

"老二，你呢？"

"我们家向来很穷，所以我要做一个大企业家，赚很多很多的钱。"

"爸，我将来要做发明家！"阿尔弗雷德不甘人后地抢着开口。

"好了，好了，将来想做什么都可以。目前最重要的是好好用功读书。"母亲严肃地对他们说。

"圣彼得堡可有好一点的学校？"

"当然有，但你们还不懂俄语，所以我们要先请一位老师教你们学俄语。"

富有的发明家——诺贝尔

就在他们到达的第二天,父亲为他们请了一位教俄语的老师。三个兄弟都非常聪明,尤其是阿尔弗雷德,年纪虽小,学习俄语的成绩却不亚于两位哥哥。

"阿尔弗雷德,你很有语言天才,很快就把俄语学得很好了。"有一天,老师称赞道。

"学外国语言很有趣呀!"

"很好,当俄语学会后我再教你英语、德语。"

"一定的!老师您一定要教我!"

阿尔弗雷德就这样,除了俄语,他又学会了几种外国语言。

哥哥们因年纪较长,所以课业做完后,还得到爸爸的工厂里,去学习操纵各种机械或帮忙处理办公室的事务。

"我真以你们为荣,你们不愧是我的儿子。只要大家努力不懈、合作无间,相信不久我们就可拥有规模更大的工厂了。"

伊曼纽尔对孩子们的学习情形,感到满意和骄傲。

"阿尔弗雷德,你对语言很感兴趣吗?那么你可以读各国有关科学的著作,这样将来要做一个伟大发明家就更不成问题了。"父亲这样建议道。

阿尔弗雷德喜欢博览各种书籍,他虽然还没有正式入学,但在家里已经自己学到了很多方面的丰富的知识,尤其是有关科学研究的基本原理。也因此,他具备了很多一般同龄孩子所没有的知识。

阿尔弗雷德不仅阅读有关机械、物理、化学方面的书,他更喜爱文学,偶尔也能作诗自娱。

有时和哥哥们到爸爸的工厂去,阿尔弗雷德总是被那些转动中

知识链接

水 雷

水雷是一种布设在水中的爆炸性武器,它可由舰船的机械碰撞或由其他非接触式因素(如磁性、噪音、水压等)的作用而起爆,用于毁伤敌方舰船或阻碍其活动。水雷具有价格低廉、威力巨大、布放简便、发现和扫除困难、作用灵活的特点。

※水 雷

的机器深深地吸引住，但他却又发现了更有趣更好玩的东西，那就是要装入水雷里的火药。

当时的火药，无论是用于枪或用于水雷全都是黑色的。

阿尔弗雷德试着偷偷地带点火药回家，为了避免让爸爸发现而挨骂，他经常把火药粉放入纸袋中悄悄带走。

阿尔弗雷德用带回家的火药做烟火，他把火药放进纸筒里，然后竖立在草原上，点着火后，火药会"咻"的一声，在黑暗的夜晚中喷出美丽的火花。

他又模仿父亲的发明，尝试做起地雷来玩。他先把火药粉用纸包成圆团，再用较韧不易破的纸搓成长条，作为导火线。将导火线点燃后，他以很快的速度跑向远方，等纸团着火，火药就会发出烟火喷了起来。

"真没意思，这哪里像炸弹，一点都不好玩。嗯！我用空铁罐试试看，也许会更像爸爸的水雷。"他自言自语地说着，并把火药装入小空罐中封紧盖子，然后再点燃导火线。

"砰！"爆裂的罐子发出很大的声音，盖子飞了起来，大家都被这声巨响吓了一跳而跑出来观望。

阿尔弗雷德的调皮举动马上被父亲知道了，于是父亲严厉地禁止他再玩火药。

当阿尔弗雷德再到工厂时，员工们早已闻知此事，因此没有人肯让他再接近火药。

"不行，不行！不能玩这种危险的东西！"

管理员说着，就把他赶出来。

"哼！不给？那我就自己来制造火药。"

阿尔弗雷德拿起化学书，翻寻起火药的制造过程来。

"原来是把硝石、木炭和硫黄混合，难怪火药都是黑漆漆的。"

"木炭容易找到，硫黄也可从引火木条（一头沾有硫黄用来引火用的薄木片）上刮下来，但最重要的硝石要去哪里找呢？"

想了想，阿尔弗雷德高兴地来到工厂，他在药品室中找到装硝酸钾的瓶子，偷偷地把里面的白色粉末倒入小袋子中，拿回家后立刻关起房门开始做实验。

硝石其实就是硝酸钾的粉末，把它和炭粉混合再加上硫黄就成了黑色火药。阿尔弗雷德小心地把微量混合粉末放在盘子中点火。

"咻"的一声，火药发出了白烟。

"真是不中用的东西，一点威力也没有！"

富有的发明家——诺贝尔

※ 诺贝尔奖牌不是最贵的，但是它象征的无上荣誉是很多科学家梦寐以求的

于是他又改变了火药配方的混合量，威力于是也随着增强。他兴奋地自言自语道："哈！终于成功了！"

阿尔弗雷德因此又开始玩烟火了，这是一种非常危险的游戏。

最后虽然难免被父亲察觉而遭到禁止，但他从玩耍中发现了火药包扎的松紧与爆炸强力成正比的基本原理。

自从诺贝尔全家迁到圣彼得堡后，伊曼纽尔的事业蒸蒸日上，诺贝尔工厂也终于发展成为了具有一定影响的大工厂。

孩子们虽然没有上学，但靠着自修及家庭教师的指导也都获得了丰富的知识和应有的教育，这其中也有诺贝尔三兄弟天赋极高、求知欲又很强的原因。

后来罗伯特和路德维格结束了家庭的补习教育，到工厂正式去实习了。

到了父亲的工厂，罗伯特负责公司有关业务方面的工作，路德维格则负责工厂技术方面的事情。伊曼纽尔的工厂，已成为诺贝尔家族的事业了。

正如父亲当初的预料，孩子们的表现都很杰出。

不知不觉阿尔弗雷德已经是一个十七岁的青年，这是可以参加工作的年龄了。

"我想让阿尔弗雷德到工厂去工作。"父亲跟母亲商量说。

"是呀,都十七岁了,不能老把他当小孩子看。"

"你想该叫他做什么事呢?"

"他虽然对文学兴趣很浓厚,但我想还是叫他学习技术比较好。"

"嗯,当技师是不错,但他最好是能成为研究发明方面的技师。"

父亲接着又说:"罗伯特可以帮助我经营公司,路德维格则负责工厂生产制造方面的事务,所以我希望阿尔弗雷德能担任发明创造的工作,使工厂不断地有新产品上市。"

"这可不是一个简单的工作呀!"

"所以我打算让阿尔弗雷德到美国去留学,做更深一层的学习研究。"

"啊,到美国?"母亲很惊讶地问。

"是的,美国有一位从瑞典移民去的发明家埃里克森。"

"哦,不就是发明螺旋桨式轮船的那个人吗?"

"对,是他!我想让阿尔弗雷德去跟他学习发明研究。"

"好是很好,但是要让阿尔弗雷德自己一人远赴美国,我不放心。"

"不要紧,他已不是小孩了,疼爱自己的子女就应让他经常出外,这样才不致孤陋寡闻。前一阵子埃里克森来信告诉我说他正在从事热空气引擎的研究工作,就让阿尔弗雷德去跟他一起研究吧!"

"什么是热空气引擎?"

"就是以高温空气来代替蒸汽机发动的引擎,将来必定会是用途很广的发动机。"

就这样,阿尔弗雷德在父母安排下,离开了温暖的家,到陌生的美国留学去了。

知识链接

硫 黄

硫黄别名硫、胶体硫、硫黄块。外观为淡黄色脆性结晶或粉末,有特殊臭味。分子量为32.06,蒸汽压是0.13kPa,闪点为207℃,熔点为119℃,沸点为444.6℃,相对密度(水=1)为2.0。硫黄不溶于水,微溶于乙醇、醚,易溶于二硫化碳。作为易燃固体,硫黄主要用于制造染料、农药、火柴、火药、橡胶、人造丝等。

富有的发明家——诺贝尔

去美国留学

阿尔弗雷德所搭乘的轮船，在大西洋上不停地往西前进。这是一艘两旁装有水车的轮船。虽然，阿尔弗雷德即将投入以发明螺旋桨使船只航行平稳快捷而闻名的美国发明家埃里克森门下，但当时那种新船仍未被普遍采用，所以阿尔弗雷德乘坐的仍是旧式的船只，它正慢慢地在波浪的摇荡中航行。

阿尔弗雷德倚靠着甲板上的栏杆，望着起伏不定的海浪冥思着："正一步步接近的美国，究竟是什么模样？是一个朝气蓬勃的国家吗？它是拥有很大的城市还是一片广大的牧场？还是盛产石油和煤铁的大工业国吗？"

阿尔弗雷德在长途疲惫的航行中，仍不忘时时复习英文，加强语言能力，以便适应那即将到达的陌生国土。

对语言颇具天分的阿尔弗雷德，在俄国的时候，他的英文读写能力就已相当不错。为了精益求精，他仍不忘随身携带各类的英文读本，其中除了有关科学的书籍外，更不乏文学与诗歌方面的读物。

阿尔弗雷德在漫长的旅途中，最喜欢的是坐在甲板上，面向大海欣赏文学作品。他对雪莱的诗及其对事物的看法产生很大的

※ 象征美国自由追求的自由女神像

兴趣。

雪莱将各种理想在自己的诗中表露无遗，他主张博爱、和平，对事物的看法具有合理正确的思想。

年轻而善感的阿尔弗雷德，深深地被雪莱的作品所吸引。雪莱的思想已经完全被他吸收、融合而成为阿尔弗雷德的思想了。

阿尔弗雷德之所以能以合理的科学观点，促进发明事业的扩展；以和平的手段、博爱的精神处世待人，都是受雪莱思想的影响。后来他捐出遗产设立诺贝尔奖，也可以说是雪莱思想的升华。

抵达美国后，阿尔弗雷德立刻带着父亲的介绍信去拜访埃里克森。

埃里克森对他的到来深表欢迎。阿尔弗雷德在此学习了许多有关各种机械的技术，并帮助埃里克森从事以火和高温产生的膨胀空气来代替蒸汽发动引擎的热空气研究工作。热空气引擎也就是如今的燃气轮机，在当时并未被普遍使用。

阿尔弗雷德从这项研究中，得知物体燃烧发热使气体膨胀产生力量的原理，并学习到许多其他新的知识。

可是单独来到遥远国度的阿尔弗雷德，心中交织着复杂的情感，这使他对文学的兴趣胜于对机械的研究。

每当阿尔弗雷德感到孤单寂寞时，雪莱的诗便成了他的寄托，写诗也成了他业余时间的主要消遣。

一年很快过去了，阿尔弗雷德道别埃里克森，离开美国踏上了归途。当他路过巴黎时，为了寻求更多的知识，他暂时停留在了法国。他的主要目的是在此学习化学和物理；另外还有一个想法，就是欣赏巴黎美丽的风景以激发他作诗的灵感。

阿尔弗雷德在圣彼得堡时已有相当的法语基础，对语言有着特殊兴趣的他，为使法语说得更为流利标准，于是进入了一家会话补习班。在此他结识了一位美丽的少女，由于彼此相爱，他们曾海誓山盟私订终身。

经过一段时间的补习，阿尔弗雷德此刻的法语程度已不亚于法国人了，遗憾的是，他所深爱的少女不久因病去世了。

这个突如其来的打击，使阿尔弗雷德再没有心情留恋巴黎。他决心离开这个使他心碎而难忘的地方，专心致力于将来的理想与事业，因此他很快回到了第二故乡——父母所在的圣彼得堡。

当时是1852年，阿尔弗雷德刚满十九岁。

富有的发明家——诺贝尔

回 到 俄 国

"阿尔弗雷德，你已经长大了！"母亲卡罗琳娜高兴地拥抱三儿子。

"是呀，转眼间你已离开两年了！"父亲伊曼纽尔也高兴地说道。

"你看来脸色不大好，哪里不舒服吗？"母亲关心地问道。

"没有呀，只是因为长途跋涉，有点疲倦而已。但看到爸爸妈妈依然康健，我就一点都不累了！"阿尔弗雷德很懂事地回答道。

"是呀，我们身体一向硬朗，工厂业务也相当景气。"父亲笑着说。

"咦，哥哥他们呢？"

"哦，大概就快回来了吧。我已经派人通知他们你回来了。现在工厂里的事都由他们俩负责，他们都能独当一面了，而且都是相当不错的优秀技师。你大哥担任经理，二哥是厂长。"

"真是太好了，我该以他们为榜样，向他们看齐。"

"那当然，阿尔弗雷德，你这趟去美国回来已懂事多了。"母亲插口说道。

"对了，阿尔弗雷德，你学的是理化，希望你能将所学的理论，实际应用在我们工厂的产品上面。"

知识链接

石　油

石油又称原油，是一种黏稠的、深褐色液体。地壳上层部分地区有石油储存。主要成分是各种烷烃、环烷烃、芳香烃的混合物。它是古代海洋或湖泊中的生物经过漫长的演化形成，属于化石燃料。石油主要被用来作为燃油和汽油，也是许多化学工业产品如溶液、化肥、杀虫剂和塑料等的原料。

对父亲的话阿尔弗雷德似乎有所愧疚，他显得面有难色。

"我想你一定能愉快地胜任。我已决定把你安插在负责指导发明的部门工作了！"父亲满怀自信地说。

"我一定尽力，像哥哥们一样努力工作。"

这时罗伯特和路德维格回来了。

"大哥，二哥，我回来了。"

"阿尔弗雷德，欢迎你又回到这个家来，哇，你长高了不少了！"

"怎样，美国如何？"路德维格问道。

"美国到处都是广大的平原，只要适当地开发建设，必定前途无量。"

"听说美国盛产石油？"

"是的，不仅有石油，铁、煤的产量都很丰富，可能很快就会成为世界工业大国了。"

这时父亲伊曼纽尔对老大老二说："对了，我告诉你们，从今天起我任命阿尔弗雷德负责指导发明的工作，你们赞成吗？"

"那太好了，阿尔弗雷德一定

※阿尔卑斯山风光

富有的发明家——诺贝尔

能有良好的表现。"罗伯特说道。

"我还不敢确定,但我一定尽力就是。"阿尔弗雷德诚恳说道。

母亲抚摸着出生于俄国、现已九岁的幼子艾米尔,欣慰地笑着。

阿尔弗雷德第二天就到工厂上班了。他先从见习生做起,除学习机械车床的操作和削铁的技能外,也要学习修理机械的故障。这些都是会让人搞得满身油污的粗重工作,可是阿尔弗雷德对实地的工厂见习却极感兴趣。

此外,他还跟着罗伯特学习办公室里的事情,例如将钢铁原料或机械的价格记下做成账目统计表,以及经营企划公司业务的要领等。

在学习期间,他仍不间断地阅读各种有关火药和机械制造方面的参考书,并从事工厂机械改良的设计和新产品的制造研究等工作。

阿尔弗雷德每天的工作相当繁重，往往在太阳下山后依然留在工厂实验室继续从事各种研究。

不久，漫长的冬季已经近尾声，4月的复活节即将来临，春天的气息已悄悄地布满了圣彼得堡。

但是阿尔弗雷德的食欲却显著地下降。

"阿尔弗雷德，热心工作固然很好，但千万不能忽略了适度的休息呀！"母亲看到这种情景担心地说。

"不要紧的，妈妈，不要紧的。"阿尔弗雷德强打精神笑着回答。

"我还年轻，身体很健康，一点也不觉得累。"

"可是你最近瘦了不少。"

"没这回事，是您自己猜想的，您看我这不是好好的么？"

阿尔弗雷德仍然和往日一样每天辛勤地工作。

"阿尔弗雷德，你脸色不太好，是不是生病了？"父亲有一天也担忧地问。这一问，阿尔弗雷德似乎也感觉到身体疲劳不适。

"我有点感冒，不过，很快就会好的。"

阿尔弗雷德真的生病了。他不断地发高烧，医生细心地诊断后说："呼吸系统有一点毛病，可能是过度劳累所引起，虽不太严重，但最好能找个地方好好休养一下。"

"找什么样的地方呢？"伊曼纽尔问道。

"到温暖的地区去比较好。"

于是家人决定让阿尔弗雷德到南方较温暖的乡下去静养。

但此时的阿尔弗雷德最想去的是德国而不是南方，他希望能趁这个机会学习德语。尤其他认为德国有最好的化学技术，因此他就来到靠近阿尔卑斯山的一个德国温泉村埃格养病。

埃格是一个空气新鲜、风景秀美的温泉，每日纵观群山，泡在温暖的泉水中，呼吸着新鲜的空气，这种生活使阿尔弗雷德很快就恢复了健康。

同时他的德语也有了飞快的进步，可以同德国人一样，说写都很流利。阿尔弗雷德于是便利用机会到柏林去购买大量的化学参考书来学习。

这些化学书籍使他回忆起小时候玩火药的情景，于是他又迫切地希望能早日回到圣彼得堡，去从事各种他心里早就想好的化学实验。

等身体刚一康复，他就迫不及待地立刻启程回到圣彼得堡。

这时，俄国正酝酿着克里米亚战争的危机。

富有的发明家——诺贝尔

研究炸药

父母亲看到归来的阿尔弗雷德的身体已完全康复,心中非常高兴。

"阿尔弗雷德,看上去你身体已痊愈,不要紧了。"

"爸爸,我已经能独立作业,支撑全局了。今后我会全力进行发明方面的研究。"

"嗯,很好,你想做哪一种研究呢?"父亲满意地问道。

※诺贝尔故居

"我想研制一种强力火药。"

"可是阿尔弗雷德，战争可能很快就会爆发。一大堆的水雷订单使工厂应接不暇，正需要你帮忙呢！"

"哦，水雷能在战争中派上用场吗？"

"当然，俄国有强大的陆军，但海军却经不起英、法轻轻地一击，所以要在各大军港和敌军可能登陆的海岸布置水雷，加强海军防卫力量，以阻止敌舰或运输船的侵入。"父亲很得意地侃侃而谈。

阿尔弗雷德却不以为然地说："爸爸，黑色火药只可能对于那些木制船管用，但对于钢铁制造的坚固舰船，恐怕无济于事了！"

"那怎么会?我已试验过了。"父亲心里有点不高兴。

"哦，真能如此，那就很好，可是我仍想发明威力更强大的火药。"

克里米亚战争终于在1853年10月间爆发了，俄国与土耳其、英国、法国的联军正式开战。

诺贝尔工厂因克里米亚战争而异常忙碌，水雷的需要量急剧上升。

"我们恐怕将要大忙一阵了。"因为战争，工厂制造军火的数量已无法供应购买者的需要，大批的订单使父亲格外振奋。

俄国的海军当时非常脆弱，显然根本无法战胜强大的英法联军。

俄军在芬兰湾，靠近圣彼得堡

知识链接

克里米亚战争

克里米亚战争是1853年至1856年间在欧洲爆发的一场战争，作战的一方是俄罗斯，另一方是土耳其、法国、英国，后来皮德蒙特-萨丁尼亚也加入了这一方。一开始它被称为第七次俄土战争，但因为其最长和最重要的战役是在克里米亚半岛上爆发的，后来被称为克里米亚战争。

这场战争的表面起因是宗教问题。俄罗斯向奥斯曼帝国提出为保护奥斯曼帝国境内的东正教徒在"圣地"建立俄罗斯的保护地的要求，这个要求被君士坦丁堡的苏丹拒绝。法国的天主教徒和英国的新教徒也反对俄罗斯在巴勒斯坦建立据点的企图。俄罗斯在苏丹拒绝后决定以此作为采取军事行动的理由。1853年俄罗斯与奥斯曼帝国断交并开始占领多瑙河流域的土耳其附属国。

战争的真正原因是奥斯曼帝国逐渐地、内部地瓦解,俄罗斯认为这是它将在欧洲的势力不断扩大的好机会,尤其是获得一个通向地中海和占领巴尔干半岛的好机会。奥斯曼帝国在巴尔干半岛上的统治此时显然摇摇欲坠,而俄罗斯则争取获得对恰纳卡莱海峡和伊斯坦布尔海峡的控制。英国和法国反对俄罗斯的扩张,它们不希望俄罗斯获得这些战略要地,以维持它们自己在东南欧的势力和利益。

1854年底英国和法国对俄罗斯宣战,1855年皮德蒙特-萨丁尼亚加入这个同盟。奥地利迫使俄罗斯从多瑙河撤军,但并没有帮助英法围攻克里米亚上的塞瓦斯托波尔要塞的舰队。因此奥地利在这场战争中起了一个重要的角色,虽然它并没有主动参加这场战争。塞瓦斯托波尔被围攻近一年后英法联军占领了这个重要的堡垒,此后俄军退出克里米亚半岛。

克里米亚战争是世界史中的第一次现代化战争。今天大多数人已经将这场战争遗忘了,但它从军事上和政治上改变了欧洲列强之间的地位和关系。

在克里米亚战争中铁甲船和现代的爆炸性的炮弹第一次被使用。它也是历史上第一次壕沟战。电报首次在战争中被使用,火车首次被用来运送补给和增援。

✳ 克里米亚战争中,英国第十七轻骑兵联队的一次冒死冲锋

西方的要塞喀朗施塔德和克里米亚半岛西南部的重要海港塞瓦斯托波尔加强军事防卫，以应付英法联军的袭击。

诺贝尔工厂生产的水雷，在实战中是否能发挥强大的防御能力仍是一个未知数，但不管怎么样，在喀朗施塔德军港的入口处，已密布了一重重的水雷阵。

英法联军的舰队，正如俄军所料，企图占领喀朗施塔德军港，再直入圣彼得堡。如今，他们的舰队已到达芬兰湾了。不巧的是，有一艘俄国汽船竟误触自己铺设的水雷而沉没。看到这种情形的英法联军，立刻察觉到在喀朗施塔德港的周围海面上应该浮着许多固定的水雷，因此他们放弃了攻打喀朗施塔德港的计划。这足以证明，伊曼纽尔工厂生产的水雷确实相当地成功。

英法联军放弃了对北方芬兰湾的攻击后，把全力集中到克里米亚半岛上，这样一来，反使俄国吃了败仗。

当诺贝尔工厂生产的水雷功效被证实后，有两位化学专家专程到工厂来访问。他们就是在俄国学术界曾留下许多业绩的希宁博士和特拉浦博士。

"我有一件非常机密的问题想与伊曼纽尔先生商量。"希宁博士说道。

"是有关强力火药的应用问题。"

"我的儿子阿尔弗雷德，对这方面比较有研究，我想你们可以和他谈谈。"为了使阿尔弗雷德增长些见识，同时也为了锻炼他，父亲这样回答道。

"既是您的公子，那我们就放心了，因为这是高度机密。"

阿尔弗雷德被唤到两位专家的面前。

"这次的战争，对俄国而言实在是相当艰苦，为了使俄国早日获胜从而结束战争，我们想制造威力强大的炸药，请问可否与贵工厂共同研究？"

"当然可以，不过，你们来得太突然，事先没有周密地计划，凡事毫无头绪呀！"

"这点你不用急，我这里有强烈的液体爆炸物，但它的威力无法确定，是否有实用价值也还没有把握。"希宁博士说着，拿出一个瓶子来。

"就是瓶子里的液体……"

"啊，硝化甘油！"不等希宁博士说完，阿尔弗雷德便脱口而出。"我从书上知道这是1847年意大利科学家沙布雷洛所发明的，今

富有的发明家——诺贝尔

天我才头一次看见这种液体。"

"我们就是想利用它来做研究。"希宁博士对阿尔弗雷德说。

"我也曾想过这种液体可能会增强水雷的威力。"

"是的,但这项工作非常困难,沙布雷洛虽利用甘油、硝酸和硫酸制造出这种比黑色火药威力大好几倍的爆炸物,但它有时却会失去效用,仅仅燃烧却不爆炸。"

希宁博士说着将瓶中的液体滴一滴在铁板上,然后将它们点燃,它们经过燃烧后只是产生火焰而没有爆炸。

他又滴了一滴,这次是用铁锤来敲打,于是硝化甘油发出了迸裂的爆炸声。

"它爆炸力的强烈度可由沙布雷洛因为试管中的硝化甘油突然爆炸而受伤的这件事予以证明,但它的威力总是叫人捉摸不定,效果很难预料。"

"是否因为它是液体的关系呢?"阿尔弗雷德问。

"或许吧!沙布雷洛自从实验室被突爆的硝化甘油炸毁后,已停止对硝化甘油的研究工作了。"

"这的确有点令人困惑!"伊曼纽尔在一旁侧着脑袋默默思考。

"希宁先生,这件事就交给我们办好了。"阿尔弗雷德显得极有自信,一副充满希望而热切的样子。

"好吧,就请你试试看,我相信你能做得很好。"

"好的,我一定尽力而为。"阿尔弗雷德充满信心地说道。

"那我就把这瓶硝化甘油留给你,但你要特别留心,一定注意安全啊!"

"我会的,谢谢您的关心!"

当时的阿尔弗雷德根本不知道这件事在后来会引起全世界的重视,从而给他带来辉煌无比的人生。

阿尔弗雷德和父亲于是开始细心地研究起这种不太实用的液体炸药的制造和使用方法。

硝化甘油是一种性能不容易控制的化合物,更由于它呈液体状态,所以只要稍微处理不当,就会发生可怕的爆炸。

更主要的是,它的危险性在于根本无法预料它会以何种形态发生爆炸。有时点上火,它只是燃烧而已;有时却一部分爆炸。而且在制造过程中,意外爆炸更是屡见不鲜。

发明人沙布雷洛之所以舍弃使用这种火药,并停止研究的原因也就在此。但硝化甘油却是心脏病患者的有效医疗用品,所以在医学

※爆炸瞬间

界，它仍然继续被广泛使用。

　　阿尔弗雷德虽然立刻着手从事这项研究，但进展却比想象中的还要困难。

　　由于诺贝尔工厂必须致力于生产各种机器，阿尔弗雷德和他父亲平时都很忙，几乎没有余暇做这项额外的研究。

　　"真伤脑筋！根本没有多余的时间来研究硝化甘油。"有一天父亲对阿尔弗雷德说道。

　　"是呀，爸爸，我想这项研究工作就等战争结束后再说吧。"

　　"也对！那时估计就不会有太多订购水雷的客户了。"

　　就这样，父子俩研究硝化甘油的工作被暂时搁置到了一旁。

　　在这期间，克里米亚战争进行得越来越激烈。

　　联军以数十万大军，海陆并进把克里米亚的塞瓦斯托波尔要塞层层包围；俄军则顽强抵抗，使联军无法越雷池一步。

　　由于俄国天气酷寒，再加上热病流行，因水土不服而未战先败的联军士兵不计其数，单单英军受伤与生病

富有的发明家——诺贝尔

知识链接

尼古拉一世

※沙皇尼古拉一世

尼古拉一世·巴甫洛维奇（1796—1855），1825年至1855年在位，是俄罗斯帝国沙皇，巴维尔一世第三子。长兄亚历山大一世死后无男嗣，次兄康斯坦丁大公放弃皇位继承权，因此被立为俄国沙皇。1825年，具有自由主义思想的贵族军官发动十二月党人起义，尼古拉对其采取严厉镇压措施。此后他加强对自由思想和革命运动的镇压，设立了秘密警察第三厅。镇压波兰1830年的起义。

虽然尼古拉知道有必要对落后的农奴制度实施改革，但却把改革限制在不与贵族利益发生冲突的范围内。实施了币制改革、法典编纂事业和国有农奴管理方式的改革。对外继续推行神圣同盟的宗旨，和梅特涅合作，镇压欧洲自由主义、民族主义运动。1849年镇压匈牙利民族运动。为扩大在黑海和高加索的统治权而与英、法、土耳其发生克里米亚战争。于行将战败时突然去世，也有服毒自杀的传说。

尼古拉一世娶普鲁士的弗雷德里卡·路易莎·夏洛特·威廉明娜公主（亚历山德拉·费奥多萝芙娜），生有七个子女：亚历山大二世，玛利亚女大公，奥尔加女大公，亚历山德拉女大公，康斯坦丁大公，尼古拉大公，米哈伊尔大公。

的士兵就有一万五千人之多。

在这场战争中，英国的女护士南丁格尔跨山越海直赴战场，她不分敌我，殷勤地照料双方的伤兵，因而获得"克里米亚天使"的称号。战争进行到第二年，俄军的败迹已经很明显了。正当此时，俄国沙皇尼古拉一世又不幸病逝。

一般人认为无法攻陷的塞瓦斯托波尔军港，终于在1855年陷落了，新即位的亚历山大二世向联军投降。

战败的俄国，在政体改变之后便不再向诺贝尔工厂订购机械。在战争中一再扩大的工厂设备已经失去了利用价值。

诺贝尔一家人十分烦恼，于是召开了家庭会议。

"这下完了，不再有订单，工厂无法再继续经营下去，看样子，我们得暂时停工。"大哥罗伯特说。

一度繁荣忙碌的诺贝尔工厂终于在无可奈何下被迫停工。

移民到俄国二十几年来，对俄国机械工业贡献颇大的伊曼纽尔，不得不再回到家乡瑞典去。

"这是不得已的事，工厂结束营业后，我留在这里已经没有多大益处，我想回到故乡去，你们有什么打算？"伊曼纽尔征询儿子们的意见。

"我们想留在俄国，找份新的工作，其他的事慢慢再说吧。"诺贝尔三兄弟一致表示愿意留下来。

"我还是想留在这里继续研究硝化甘油。"阿尔弗雷德这样说。

于是，父亲伊曼纽尔就带着妻子和小儿子回到了祖国瑞典。

他们在以前居住的斯德哥尔摩的海德堡租了一栋房子住了下来。

诺贝尔一家的境遇又一次改变。此时是1859年，阿尔弗雷德二十六岁。

※ 南丁格尔画像

发明新炸药

发明雷管

父亲回到瑞典之后,诺贝尔三兄弟仍然留在圣彼得堡。

他们三兄弟仍在原先的工厂里工作。所不同的是,他们由老板成为受雇的员工。工厂的新老板由于不懂得工厂的企划经营,所以任命老二路德维格为工厂营业负责人。

罗伯特负责各种机械的设计工作,阿尔弗雷德则一面做机械操作工作,一面不断地思考着硝化甘油的各种实验。

从这时候起,阿尔弗雷德的发明能力开始充分发挥,他利用他那异于常人的特殊才能改良了晴雨计、水量计等,并取得了专利。

不料,刚进入10月不久,阿尔弗雷德的身体就随着季节的转变而越来越虚弱。他虽然茶饭不思,但每天仍然照常上班,身体一直处于劳累疲惫的状况下。

他总是勉强自己去工作,不愿休

※诺贝尔

◇ 图说名人 ◇

名人名言

生命,那是自然赐给人类去雕琢的宝石。
　　　　——诺贝尔

息；每当吃饭时，总不见他的人影。若到房间去找，往往看到他的手握着试管疲倦地趴在桌上的情景。

"阿尔弗雷德，你自己要多保重呀！"看到弟弟这般模样，哥哥罗伯特心痛地说道。

但是，一切都晚了！阿尔弗雷德从此一直卧病在床，无法去工作了。

有一天，罗伯特比平常回来得晚，当他穿过院子的树丛时，发现院中那栋独立的屋子里没有灯光。

"奇怪！"一个不祥的预感出现在他脑海中。

他把门打开，里面是一片黑暗。

"阿尔弗雷德！"罗伯特摸着黑叫着，但无人回答。

就在即将燃尽的壁炉前，他隐约看见有一个人躺在地上，那正是阿尔弗雷德。

"振作点！"罗伯特跑过去，用手去摸弟弟的额头，这才发现阿尔弗雷德正在发高烧。接连几天，阿尔弗雷德的高烧始终没有退。

经医生诊断后证实，是由于疲劳过度引起急性胸膜炎，外加旧疾复发而并发了心脏病。

阿尔弗雷德虽然恢复了意识，但病情却更加恶化。

罗伯特全心全意地照顾着阿尔弗雷德。最令罗伯特懊恼的是，如今竟无法和以前一样马上送他入院治疗或立刻请医护人员帮忙照顾。

在这个不太方便的小屋中，阿尔弗雷德不得不忍受着疾病带来的一切痛苦。

"春天快点到来就好了！"阿尔弗雷德躺在床上望着窗外的天空想着。

但北国的冬天似乎特别漫长难挨，外界的一切景物，诸如屋顶、树木都被白雪所覆盖，大地呈现一片凄凉的惨白。偶尔能听到外面小孩们快乐的歌声，想必是圣诞节快要来临了吧！但在阿尔弗雷德的房中，却一点也嗅不到圣诞或新年的气息。

北国的冬天与阿尔弗雷德盼望春天的心情恰恰相反，冬天的脚步，似乎愈来愈深，外面结冻的大地上，偶尔传来一阵阵雪橇滑动的声音。

时间好像在拖拉不前地漫步着，但那迟缓的脚步终于走完了一月，迈向二月。

"哥哥，我好多了。"

"嗯，发烧已经退了，脸色也好看多了。"

"我已经不要紧了，哥哥，你去上班吧。"

"嗯，好的！"

事实上，罗伯特也不能一直陪伴照顾这个生病的弟弟，所以他又

富有的发明家——诺贝尔

恢复了从前的生活,每天到工厂去工作。

侧身靠在枕头上,阿尔弗雷德听见哥哥的脚步声渐渐远去。他每天都以这种方式送走要到工厂去的大哥。

每当睡醒一觉,他就感觉到胸部的疼痛缓和了许多。阿尔弗雷德的病已进入复原期。

"春天快到了,这真是一个又长又冷、阴寒的冬季。"罗伯特一面打开窗户,一面说着。

融化的水滴从屋檐上一滴滴地掉落下来,春的使者似乎正忙着传达信息,被坚硬冰雪封锁的大地,也渐渐在复苏。

"啊,真舒服。"阿尔弗雷德躺在床上伸伸懒腰。

半年多卧床不起的日子,也因春天的来临而告一段落。

有一天,好像知道了阿尔弗雷德的病情痊愈,父亲伊曼纽尔从瑞典寄来了一封信:"我最近开始为希宁博士所说的硝化甘油做研究,阿尔弗雷德你的进展如何?这事情比想象的还要难,但我一定会设法找出硝化甘油正确的使用方法。"

阿尔弗雷德心中想:"是呀,我得再做做看,绝不可以输给爸爸。"

他决定立即动手开始研究。阿尔弗雷德于是再度开始寻找、搜集有关硝化甘油的性质和制造的一切

※意大利发明家沙布雷洛

资料。

发明硝化甘油的沙布雷洛出生于1821年,他是在意大利的色林大学药品室中从事这项研究的。

他二十八岁在法国留学时,受到贝鲁斯教授的指导,进行着以硝酸来混合其他物品,而观察其所能产生作用的研究工作。

大部分的物质受到硝酸作用时,都具有爆炸的特性。当沙布雷洛把甘油、硝酸、硫酸互相混合时,他发现这是一种能产生强烈爆炸力的液体,因之他将此液体命名为硝化甘油。

阿尔弗雷德细心地研读着沙布雷洛所发表的研究报告,用来作为

知识链接

雷 汞

雷汞又称雷酸汞，化学式$Hg(CNO)_2$。纯的雷汞是白色晶体，但大部分情况下呈棕黄色。它溶于热水、乙醇和氨水，在干燥时受轻微摩擦、撞击或加热就会爆燃；另外应避免让雷汞接触到铝、锰、锌、铜等金属。

雷汞是枪械上第一种拿来做专门引药的物质，在19世纪中使用在雷帽撞击式枪支上。因为性质不稳定，后来被其他化学物质取代。

粗雷汞的制造是在厚壁圆底玻璃瓶中进行的。将加热至50℃的乙醇倒入反应瓶中，并将长颈瓶中的硝酸汞也小心地倒进去。瓶中的反应进行得很剧烈同时放出热，因此，瓶中物质的温度在反应过程终结时达到85℃，并且有红棕色有毒可燃气体生成。整个反应过程要持续两小时。

雷汞成重沉淀物而析出，瓶中温度降低即表示反应已告结束。硝酸汞溶液和乙醇相互作用非常复杂，同时发生一系列的副反应。

制得的粗雷汞用过滤法使其与母液分开，为此将反应瓶内的容物倒入真空过滤器内或小心地用滤纸过滤出雷酸汞晶体。倒的工序是危险的，因此将瓶倒放在有导管的接收器上，而剩在反应瓶内的粗雷汞以喷射的冷水洗涤。在真空过滤器上的雷汞也需用水洗一次或用蒸馏水洗涤晶体数次，直到用蓝色石蕊试纸测不出酸性为止。为了彻底洗去雷汞中残余的母液，包括对雷汞的安定性和制品的金属零件有害的各种杂质和酸，将雷汞和真空过滤器一起移入洗涤装置上，洗涤40至60分钟，水流是在不大的压力下从下方流过雷汞层。

将洗过的雷汞收集于玻璃罐中，注满水保存。使用雷汞制造药剂和装填信管时，须首先用真空过滤器从雷汞中滤出水分，然后在温度为50℃，真空度约为6.6kPa，以热水加热的真空干燥器中进行干燥。

自己实验的根据。

"把没有混合水的甘油以浓硫酸2、浓硝酸1按比例混合，再将此液体一滴一滴慢慢地滴下……"

阿尔弗雷德在烧杯里放入硝酸、硫酸和甘油的混合体。

"温度上升就会发生危险，要先冷却到零度后再加以混合。"

然后把混合好的液体倒入水中，这时烧杯底部会有像油一般厚

富有的发明家——诺贝尔

重的液体沉着,这就是硝化甘油。

阿尔弗雷德现在已能自制硝化甘油了。由于这是极易爆炸的东西,所以必须特别小心。

阿尔弗雷德又很细心地读着沙布雷洛的报告资料——

把一滴硝化甘油滴在白金板上加热,会发生火焰而燃烧,甚至有时会引起爆炸。有一次虽然仅仅是一滴的爆炸,但却使玻璃碎片打伤了我的手和脸,使我造成重伤。

现在阿尔弗雷德看完这段资料,心中为之一震。

"置一滴硝化甘油于弧形玻璃盘上,再插入烧红的白金线也会产生爆炸。"

阿尔弗雷德似乎已经能了解硝化甘油爆炸的原因了。

"硝化甘油用铁锤敲打时也会爆炸,这和以前希宁博士所做的一样。"

阿尔弗雷德心想:"硝化甘油既然有这么强烈的爆炸力,那么不仅可以用在水雷上,也可用于挖隧道、开马路。对了,在岩石上钻孔,再把硝化甘油灌入洞中引爆,必能使岩石破碎。"

问题是如何引爆?当然不能直接点火,那太危险!用锤子来砸?那就更不用说了。

"嗯,这没问题,只要做一条含有黑色火药的线蕊作为导火线,使它由远处慢慢燃烧,人再躲到安全的地方就可以了。"

阿尔弗雷德开始动手实验,他将做好的一根很长的黑色火药线一端插入装有硝化甘油的小容器中,再从远处的另一端点火。

奇怪的是硝化甘油并没有爆炸,虽然着了火,但是只有着火的部分使其余的硝化甘油喷出来,产生零落的火星也很快就熄灭了。

他再用绳子吊起重铁块,使它击落在放有硝化甘油的盘子上,结果仍然无法爆炸。

一连串的疑问使阿尔弗雷德再度拿起过去的实验纪录卡,不断地沉思着。

"把硝化甘油置于盘中,再由底部加热,能产生爆炸。"

"对了,希宁博士曾以铁锤敲击地板上的一滴硝化甘油……我知道了,必须让全部的硝化甘油同时加热或同时受到锤击才会引起爆炸!"

若要使一滴或少量的硝化甘油同时受热或受到锤击,固然容易;但在爆破岩石时,想使岩洞中的硝化甘油一次受锤击或同时受热,又谈何容易?

阿尔弗雷德苦思不得,于是

※俄罗斯风光

把自己研究的结果写信告诉父亲:"爸爸,您的硝化甘油研究工作已有相当的成效,我也正想奋起直追,但却没有得到良好的爆炸效果。若爸爸有新的发现和进一步的见解,请来信告知。"

父亲很快就回信说:"我已想到使硝化甘油安全爆炸的方法了,你试着把硝化甘油渗透到黑色火药里,如此一定可使爆炸安全而且稳定。"

阿尔弗雷德觉得父亲的想法很有道理。

"两物加以混合后,当黑色火药爆炸产生热量时,就可使渗透在其中的硝化甘油同时受热。"

于是阿尔弗雷德满怀希望地着手实验,但仍然没有效果。

"奇怪,为什么不能引发爆炸呢?"

阿尔弗雷德在百思不解中忽然回忆起小时玩火药的情景:"那时把火药装入铁罐中,紧紧封闭后点火,曾引起强烈的爆炸。看来硝化甘油和黑色火药的原理应当是相同的。"

于是他把硝化甘油装在小玻璃管中放入铁罐里,在四周的空隙中填满黑色火药,然后用导火线点火。

"轰"的一声巨响,硝化甘油终于爆炸了!

"哈,好极了。这样一来,硝化甘油就可以有效地使用了。"阿尔弗雷德鼓掌叫好,内心高兴极了。

"嘿,我要让哥哥们大吃一惊,我要吓唬吓唬他们。"

他就以同样的方法来装置硝化甘油,并做成点火后可抛出的弹丸状。

"哥哥,今天我有一件很有趣的东西要给你们看,快跟我到河边去。"等哥哥们下班回到家里,阿尔弗雷德对他们说道。

"你到底在玩什么把戏?"

"很新鲜的玩意儿,我想你们一定会喜欢而且会很惊奇的,快来呀。"

罗伯特和路德维格看见阿尔弗雷德如此兴奋,就好奇地跟着他来到河边。到了河边,阿尔弗雷德将导火线用火点燃,哥哥们目不转睛

富有的发明家——诺贝尔

地看着他用力把装有硝化甘油的铁罐向河的远方投去，火药拖着一条很长的烟雾在向河里掉落，随即响起一阵极大的迸裂声，水面上升起一根壮丽的水柱。

"哇！真可怕，这是什么炸弹？"

"这就是硝化甘油呀！"

"真的？你终于控制了硝化甘油不稳定的爆炸性？你的研究成功了！恭喜你！"大哥兴奋地说道。

"嗨，你看，鱼都浮起来了，这炸药还可以用来捕鱼呢！"

"哈哈，真有趣。"二哥也高兴地说道。

现在，阿尔弗雷德似乎已成功地使硝化甘油爆炸了。

但这种形态的硝化甘油炸弹仍不太实用，所以阿尔弗雷德又继续努力研究更方便、更实用的制造方法。

首先，他把塞满黑色火药的小管插入装有硝化甘油的容器中，再以导火线点火，但这样并不能使硝化甘油完全爆炸。

经过多次试验，他终于制成了栓紧密封的黑色火药管，再将这种火药管置放于硝化甘油之中，借着管子的爆炸来引发硝化甘油更强烈地完全爆炸。

这次做得很成功，只要用这种装有黑火药的密封小管，不管装有多少硝化甘油，都能产生完全爆炸的效果。

这种能使火药完全爆发的小管，便是阿尔弗雷德的发明物中著名的"雷管"。

雷管不仅适用于硝化甘油的爆破，对其他各种爆炸性物体也都能引发完全的爆炸。这也是诺贝尔最重要的发明项目之一。

阿尔弗雷德虽然能以雷管对硝化甘油的爆炸性做有效地控制，但仍没有达到十分理想的实用地步。

"不知道有没有比黑色火药更强烈的引爆物？"

阿尔弗雷德又开始逐一分析各种化合物的特性，终于发现了属于水银化合物的雷汞。只要以极少量的雷汞装入管中，就足以引发硝化甘油的爆裂。

如今硝化甘油已经大量应用在开矿和公路工程上，这是因为诺贝尔雷管的出现使硝化甘油能发挥强大的爆炸力。然而雷管的贡献不止于此，它使棉火药、三硝基苯酚（又称苦味酸）及各种具有爆炸性的化合物都能成为强力的火药。

诺贝尔发明的雷管，在火药历史上可说是从黑色火药出现以来的一项举世瞩目的伟大成就。

工厂大爆炸

由于阿尔弗雷德发明了雷管，使硝化甘油能安全地使用于矿山、隧道的爆破工程，因此他满怀高兴地带着这项发明回到了故乡斯德哥尔摩的父亲身旁。

"爸爸，我们将可以有大的作为了。"

"是呀，我还以为你的研究工作没有太大的进展，我自己也一直停滞在黑色火药与硝化甘油混合

※斯德哥尔摩市政厅

富有的发明家——诺贝尔

的试验中。"

"让我们携手合作,共同组织一个诺贝尔硝化甘油公司如何?"

"构想是很好,但哪儿来的资金啊?"

"这我来想法子。"

阿尔弗雷德离开斯德哥尔摩前往法国,他四处拜访巴黎的各大银行,向他们说明硝化甘油的利用是一种具有伟大远景的事业。但是,没有一家银行愿意贷款给他。

不过,上天不负苦心人,幸运之神终于向他伸出援手了。法国国王拿破仑三世听到有关诺贝尔发明了强力火药的消息,非常感兴趣。他认为硝化甘油在军事上将有广泛的用途,银行应该贷款给他,以帮助他发展这项事业。

阿尔弗雷德因此而获得了十万法郎的贷款,愉快地回到斯德哥尔摩与父亲开始筹建工厂。

工厂位于父亲住处与实验室附近的斯德哥尔摩郊外,是一个不起眼的小型工厂,也就是后来诺贝尔火药工业公司的前身。

1863年,诺贝尔年满三十岁,诺贝尔火药工厂正式开始制造硝化甘油。

工厂里五六个员工在伊曼纽尔与阿尔弗雷德的指挥下,十分忙碌地从事于硝化甘油的制造。

由于当时肥皂工业特别发达,制造硝化甘油过程中所需的原料甘油又是肥皂工业的副产品,因而价格低廉,并可以大量收购。

"在制造硝化甘油的过程中,要特别小心留意才行。"父亲叮嘱着阿尔弗雷德。

"只要把硝酸冷却,就不会发生危险。"阿尔弗雷德说道。

"但甘油绝对要一点一滴慢慢倒入混合。"

在谨慎的作业下,硝化甘油的成品就这样产生了。

现在在矿业与土木业界,大家都已经知道硝化甘油的爆炸足以使岩石粉碎,而且威力远比黑色火药大好几倍。

用凿子和铁锤先将岩石钻洞,再把硝化甘油放进去,以诺贝尔的雷管使之爆炸,岩石就会很快地破裂粉碎,这种方法远较以前的办法快速而有效。因此,订购硝化甘油的人越来越多,诺贝尔工厂也一再地扩大。

"爸爸,我们的生意已经相当兴旺了。"阿尔弗雷德兴奋地对父亲说。

"这都要归功于你的发明。"

"我相信,硝化甘油的时代即将来临。"阿尔弗雷德说。

由于硝化甘油即使用导火线点

火也不会爆炸，所以伊曼纽尔和阿尔弗雷德竟和常人一样，误以为它比黑色火药还要安全。

然而他们却忽略了沙布雷洛的教训，由于过分地大意，终于发生了一件惨事。

那是1864年的夏天，在大学里读书的弟弟艾米尔·诺贝尔因放暑假而回到斯德哥尔摩的家里。

他很尊敬他的哥哥阿尔弗雷德，而阿尔弗雷德也因为艾米尔是最小的弟弟也特别疼爱他，他甚至超出兄弟的情谊，如同父亲一样地呵护照顾他。

艾米尔和哥哥一样，对硝化甘油也非常感兴趣。他利用暑假期间到工厂里来帮忙，也借这个机会锻炼一下自己。

"哥哥，我要想办法使硝化甘油的制造过程更简化、更方便一些，目前这种方法太麻烦，而且费用又高。"

"那当然很好，但你要格外小心才是！"

"您放心好了，我会注意不使温度升高的。"

艾米尔于是每天在工厂实验室里认真地从事硝化甘油制造过程的简化研究。

"艾米尔，你也真是有心人，

※拿破仑三世十分看好火药的发展，他的赞同使得阿尔弗雷德获得了十万法郎的贷款

富有的发明家——诺贝尔

※ 在实验室工作的诺贝尔

将来一定能和你哥哥一样是个成功的发明家。"父亲对艾米尔的努力表示嘉许。

不料，9月3日，诺贝尔工厂突然发生爆炸，整座工厂很快被火舌包围、吞没，成为一片火海。

阿尔弗雷德和父亲伊曼纽尔立刻赶到现场，但火势太大，已无法挽救，只能是颤抖着身体，眼睁睁地看着工厂化为一片灰烬。

火势扑灭后，从残留的灰烬中找出了五具遗骸，其中的一具便是阿尔弗雷德最疼爱的小弟艾米尔。

父亲和阿尔弗雷德所遭受的打击远胜于硝化甘油爆炸时所产生的冲击，母亲更是悲痛欲绝，终日以泪洗面。

经过这次重大的刺激后，经常呆若木鸡、望着远处出神的父亲被叫到警察局去接受询问。"你们对于这么危险的物品，为什么未经许可就擅自制造？"警察问道。

"我做梦也没想到，硝化甘油这么不容易引爆的东西竟然会自然爆炸，确实连做梦也没想到！"伊曼纽尔难以置信地回答。

"既是如此，为什么会爆炸呢？"

"硝化甘油只有在室温超过华氏180°时才可能自然爆炸，难道艾米尔在实验室中忘了看温度计？"伊曼纽尔努力地回想着原因。

"会不会是因为太靠近火源呢？"警察提醒说。

"不可能，硝化甘油直接点火都不会爆炸呀！"伊曼纽尔肯定地回答。

"硝化甘油的制造过程是怎么样的？"警察接着问道。

"就是把硝酸和甘油在很低的温度下混合产生作用，那是绝对不会发生意外的。"

"那你为何没有事先申请备案？"

"我们还在实验阶段，制造量很少。"

伊曼纽尔并未因此次爆炸事件而受处罚，但从警察局回来后却因脑溢血而病倒了。

事实上，硝化甘油具有非常危险的性质，这次事故很可能不是因

※诺贝尔

为艾米尔使温度升高所引发的。

诺贝尔很快从悲伤中重新振奋起来,他立下一个宏愿:"我一定要找出硝化甘油最安全地使用、存放和大量制造的方法。"

他试图采取以浓硫酸混合冷的浓硝酸再掺和甘油的方法进行实验。无奈警察机关在此事发生后严禁诺贝尔火药工厂复业,也不准许他们在斯德哥尔摩五千米境内再发展这种危险事业。

诺贝尔的决心并未因此而动摇,他决定到乡下去寻找用地,但没有人愿意租让土地给他建立危险的火药工厂。为了自身及附近人家的安全,人们都拒他于千里之外。诺贝尔不得不死了这条心。

他最后只好到一个大湖上,买了一艘大船作为工厂,这便成了临时的"水上工厂"。

把船锚抛下来固定好船只的位置,这条停泊的大船就成了诺贝尔的工作场所。但其他的船只顾虑到自己的安全,也都为了上次的爆炸事件而心惊胆寒,他们不停地指责、反对诺贝尔的行为。为了避开这些令人难堪的困扰,诺贝尔只得一再改变泊船的位置。像这种移动式的工厂,在当时可以说是独一无二的了!

诺贝尔每天都充满干劲而愉快地从事着硝化甘油的研究与制造。

由于上次的爆炸事件,诺贝尔无法得到人们的谅解,大家都认为硝化甘油是足以致命的危险品,根本没有人愿意购买。

"真糟!没有人敢使用,我的努力岂不等于白费了?我一定要想个办法!"诺贝尔暗自想道。

"对了,何不做点宣传工作?"

于是,他就发出帖子,邀请学者、技术人员、土木业者及军人等,前来参观示范表演,请帖的内容是:

用硝化甘油作为炸药,不仅威力强大而且安全性很高。关于这一点,似乎很多人对此都有误解。为了证明它的安全性与实用性,我将做一次表演性的示范,届时欢迎光临指教。

阿尔弗雷德·诺贝尔敬上

富有的发明家——诺贝尔

等人到齐了,诺贝尔就在这些受邀者(他们大都出于被动,虽然前来观摩,心中却极不乐意)的面前细心地做着示范表演。

他首先从瓶中取出硝化甘油置入盘中,再用木棒引火点燃,但硝化甘油只是燃烧而不爆炸,诺贝尔立刻把火熄灭,然后说道:"硝化甘油只会像这样燃烧,并不会爆炸。"

他接着又用烧红的铁棒插入硝化甘油中,这次依然没有爆炸。

"像这样用灼热的铁棒插入,仍不足以使硝化甘油发生爆炸,由此可以证明它的安全性。但有一点最重要的就是,若以雷管来引发,它就成了威力最强大的爆炸物了。"

于是诺贝尔以雷管来引发硝化甘油,为大家做示范表演。受邀者亲眼看见这些试验,才又慢慢地了解和接受了硝化甘油,因此工厂的订单又源源不断而来。

其实这是一次冒险的试验,只要稍有差错,诺贝尔就会性命难保。

在用木棒点火的实验中,若不是诺贝尔以极灵敏的手法,在发生

※德国城市风光

爆炸前即把火熄灭，那么火势的蔓延将会造成可怕的爆炸。

至于用红透的铁棒插入而没有引起硝化甘油的爆炸，那是诺贝尔命不该绝。如果不幸爆炸，单单铁棒飞起来就足以置他于死地了。

正是由于他的幸运和机灵，再加上勇敢和细心才终于为硝化甘油铺下了一条坦荡的大道。

由于诺贝尔的大力宣传，人们开始了解硝化甘油炸药的实用价值。诺贝尔的努力已接近成功的边缘。

因为他终日忙碌地奔走于硝化甘油的实验表演及前往矿区做详细地说明示范，硝化甘油的订单又纷纷涌至。

"看样子，我可以不必再到湖上的流动工厂去工作了！"诺贝尔心中暗喜着。他开始为寻找工地而奔波，但人们仍不肯租让土地给他。他们的意思是："硝化甘油是很安全，但凡事不怕一万，只怕万一。"

诺贝尔的忙碌与奔波毫无结果，地主们都不愿提供用地，一切努力看样子是白费了。忽然间，他灵机一动，心想："照这种情势看，要在瑞典境内建立工厂是绝不可能了。倒不如向外发展，或许还有希望。"

1865年春天，诺贝尔来到德国，并将硝化甘油做了广泛的宣传。他在汉堡结识了一位名叫威因克拉的企业家和另一位名叫潘德曼的富商，并邀请他们合伙经营。

"诺贝尔研究的硝化甘油炸药，我认为将来发展的可能性很大。"

"我也有同感，既然你要和他一起合伙经营，我希望也能参加一份，在资金方面就由我来投资吧。"

于是世界上首具规模的硝化甘油公司终于在德国汉堡成立了。

1865年11月8日正式开始建厂，厂址选在了易北河上游，距汉堡十千米的克鲁伯，工厂四周环绕着四米高、三米厚的围墙。

这座工厂虽小，却从此支配了全世界火药业界。在汉堡设立硝化甘油工厂的事不久便成为最热门的消息而传遍世界每一个角落。这虽然引起大家的注意与好奇，但认为它有高度危险性的仍不乏其人，因此有效地说明宣传又成为当务之急。于是诺贝尔和威因克拉又到各国去大力宣传，详细地解说，这才使硝化甘油再度为人们所接受。

当时在德国，硝化甘油也仅仅是被用在铁路工程方面和铁矿的开采上。

富有的发明家——诺贝尔

"怎么样？硝化甘油相当厉害吧！只要一爆炸，就能产生强于黑色火药好几倍的力量。"

"是呀，在钻孔的岩石中放入黑色火药只不过是喷火而已；但如果放入硝化甘油那可不同了，全部的石头都被炸得粉碎！"

"听说它是危险物品，但在德国还没出过任何意外。"

大家纷纷地议论着硝化甘油。

其实之所以没有节外生枝是因为德国气候寒冷，在低温下的硝化甘油是不容易甚至根本不可能发生爆炸的。

在搬运之际，基于安全考虑，通常是把硝化甘油放入小铁罐后再装入木箱中，为了避免摇动碰撞，还得在间隔处填入硅藻土，这种包装虽然想得已经很周全，但若不慎把木箱倒置，那后果就不堪设想了！这种装置，后来竟成为炸药发明的重要启示，真可说是造物者奇

知识链接

硅 藻 土

硅藻土由无定形的SiO_2组成，并含有少量Fe_2O_3、CaO、MgO、Al_2O_3及有机杂质。硅藻土通常呈浅黄色或浅灰色，质软，多孔而轻，工业上常用来作为保温材料、过滤材料、填料、研磨材料、水玻璃原料、脱色剂及催化剂载体等。

显微镜下可观察到天然硅藻土的特殊多孔性构造，这种微孔结构是硅藻土具有特殊理化性质的原因。

硅藻土作为载体的主要成分是SiO_2。例如工业钒催化剂的活性组分是V_2O_5，助催化剂为碱金属硫酸盐，载体为精制硅藻土。实验表明，SiO_2对活性组分起稳定作用，且随K_2O或Na_2O含量增加而加强。催化剂的活性还与载体的分散度及孔结构有关。硅藻土用酸处理后，氧化物杂质含量降低，SiO_2含量增高，其表面积和孔容也增大，所以精制硅藻土的载体效果比天然硅藻土好。

硅藻土一般是由统称为硅藻的单细胞藻类死亡以后的硅酸盐遗骸形成的，其本质是含水的非晶质SiO_2。硅藻在淡水和咸水中均可生存，种类很多，一般可分为"中心目"硅藻和"羽纹目"硅藻，每一目中，又有许多"属"，相当复杂。

天然硅藻土的主要成分是SiO_2，优质者色白，SiO_2含量常超过70%。单体硅藻无色透明，硅藻土的颜色取决于黏土矿物及有机质等，不同矿源硅藻土的成分不同。

用硅藻土生产的室内外涂料、装修材料除了不会散发出对人体有害的化学物质外，还有改善居住环境的作用。

※显微镜下的硅藻细胞

妙的安排。

尽管如此，硝化甘油本身具备的危险性及搬运时的不慎，仍使意外事件不断发生。

硝化甘油是一种黏稠的液态物，有些不懂的人竟将这种高度危险的液体当作润滑油来使用。

在硝化甘油逐渐出名的时候，阿尔弗雷德的大哥罗伯特想要知道硝化甘油对自己目前从事的石油事业是否能有所帮助，于是从俄国专程回到了瑞典。

兄弟见面，自然非常高兴。

罗伯特把硝化甘油装在瓶中，单独前往新西兰的基督城做实验。回来以后，阿尔弗雷德问他说："哥哥，你实验做得怎么样？"

"实验所做的结果是不错，但仍然有很多没想到的地方。"

"到底是怎么回事？"阿尔弗雷

德着急地问道。

"在前往基督城的途中，有一段没有铁路，必须换乘马车，我就把硝化甘油的瓶子搁在马车的行李架上了。"

"那多危险！"

"我根本忘了这回事，只顾和邻座的妇人聊天，等到达终点时，才发现因为一路的震动而破了一瓶。"

"结果呢？"

"漏出的硝化甘油沿着车壁一直流到车轮里去了。"

"真太危险了，万一着火了怎么办？哥哥，我已经听得毛骨悚然了！"

"你先别慌，还有下文呢。我到了基督城后只得用剩下的一瓶来做实验，等参观的人到齐后，我才发现瓶中所剩的硝化甘油已经所剩不多。我吓了一跳，忙去问旅馆服务生，你猜怎么着？他竟以为那是光

知识链接

基督城

基督城位于新西兰南岛东岸，又名"花园之城"，是仅次于最大城市奥克兰、首都惠灵顿的新西兰第三大城市，新西兰南岛最大的城市，也是新西兰除奥克兰以外，来往世界各地的第二大门户。

基督城人口约316000人，地势平坦。它把优雅的生活方式和文化乐趣有机地结合起来。安静的雅芳河蜿蜒流过城市，古老的住宅建筑构成了生动的艺术区，游客乘坐重新恢复的有轨电车很容易参观这里。第一批从英格兰乘四艘船只到来的人于1850年开始

※基督城

在基督城居住，城市内壮观的历史建筑和富丽堂皇的花园传颂着先人的业绩。

基督城处处洋溢着浓厚的英国气息，是英国以外最具英国色彩的城市。这里，19世纪的典雅建筑比比皆是，而到处花团锦簇、草木繁盛的景象，又为基督城赢得了"花园城市"的美誉。基督城洁净的道路，浓浓的林荫，雅致的环境，醇厚的文化气息，让人迷醉。走在这古朴而又充满生机的城市中，游人可以看到清澈的小溪，可以听见小鸟的鸣唱，可以接受阳光、清风的抚慰，一切都是那么的自然、和谐。这里给人无可抵挡的魅力。城内的怀旧电车，漫游市内主要景点，如教堂广场、艺术画廊及博物馆。乘电车浏览市容，古雅舒适，购物消闲，同样便利。游客或可踏上马车，欣赏市内明媚风光，怀旧气息让人怦然心动。基督城的建筑物各具特色，古意盎然。区域大厦呈现19世纪哥特式风格，即便是旅客咨询中心那赤色古典的砖层设计也别具风格。市内的植物公园，玫瑰娇艳欲滴，水仙清逸飘香；还有很多世界珍贵花卉，目不暇接。蜿蜒曲折的雅芳河绕着花园流淌，两岸树木翠绿，环境恬静。人们可以在河堤岸边漫步或野餐，忘却城市喧嚣，尽情享受逍遥宁静的生活。

这里艺术文化气息浓厚，设施完备。歌剧、演奏会、芭蕾舞表演连场，其中不乏著名音乐家及舞蹈者的精彩演出。更有地道的户外流行音乐会及街头巫师演说，雅俗共赏。丰富多彩的文化生活令基督城更见魅力。城内常举行不同类型的节庆活动，如花卉节、佳肴美食节、全国艺术节及历史悠久的嘉年华会，让人流连忘返。

喜爱夜生活的朋友定能在城中觅得好去处。市内各国食店林立，极具时代气息的酒吧，欧陆式的咖啡店及优雅的饭店，包罗万象，有些更延长营业时间至深夜。

亮剂，拿去擦皮鞋和皮裤了。"

"啊，真是不要命了！"

"我只好用那仅存的一点硝化甘油来做实验，请工人在很大的岩石上打洞，再灌入硝化甘油使它爆炸。"

"成功了吗？"

"结果很成功，原先打洞的

富有的发明家——诺贝尔

那些工人原以为这种像臭牛奶的东西怎么可能炸开石头,都纷纷取笑我。谁知道爆炸后不但石头被震裂得粉碎,连那些还没走远的工人也因空气剧烈流动产生强风而被飞弹到空中。"

"他没事吧?"

"还好,只是在空中翻了个筋斗,像马戏小丑般地又站回地上,哈哈大笑。"

"哈哈……不要开玩笑!他们的确做得不错。"

就连诺贝尔家人对硝化甘油都如此马马虎虎、粗心大意,可以想象一般人根本无视它的危险性。难怪硝化甘油的意外事故频频发生,同时舆论界的责备声也开始不绝

※ 纽　约

于耳。

这些责备源于发生在纽约一家旅馆的爆炸事件。

有一位德国旅客到纽约旅馆投宿。当他要出外时,把一个小盒存放在柜台服务生那儿。这位服务生不知道盒子里装的就是硝化甘油,对于它的危险性更是茫然无知,于是随手把它放在座椅底下。

次日早晨,服务生发现那盒子正在冒黄色烟雾,惊慌之余,他拿起盒子就往马路上丢,结果只一瞬间就引起了一场大爆炸。

附近一带民房的玻璃窗全被震破,而马路上那盒子掉落的位置被炸成了一米深的陷坑。

这件事立刻成为当天报纸的头条新闻,以最醒目的标题、最大的篇幅刻意指责硝化甘油。

1866年4月3日,巴拿马也发生了硝化甘油爆炸事件。

一艘名叫"欧洲号"的轮船,从亚司宾尔港出航时,放置于甲板上的硝化甘油突然发生爆炸,致使十七人死亡,船身也受到严重地损坏。

由于德国气候寒冷,使硝化甘油变得极为安全,但在巴拿马这种热带地区,它的危险性实在不容忽视。诺贝尔对这种问题也忧心如焚。

※悉　尼

"诺贝尔先生，又发生爆炸事件了。"有一天，他的助手对他说道。

"真糟！在哪里？"

"在旧金山一家轮船公司的仓库中，已知有十四人死亡。"

"天呀！在旧金山发生这种事，这下问题可大了！"

"听说民众正激烈地呼吁禁止使用硝化甘油，到处都张贴着反对的标语。"

不久，在澳大利亚的悉尼，也因两盒硝化甘油的爆炸，使得仓库和附近的建筑物全部毁坏。

"这样下去岂不要完蛋了？要赶快想出好的对策才行呀！"

紧接着又在克鲁伯的工厂中发生了爆炸事件，这是1866年5月的意外事件。

接踵而来的意外灾害已到了无法收拾的严重地步，各国也都纷纷下令严格禁止硝化甘油的贮存和制造。

听到这些骇人听闻的消息，最感震惊的恐怕要算是发明硝化甘油的沙布雷洛了。

"我怎会造出这种残害生灵的罪恶物品来？一条条生命就像从我手中被夺走一般，我真后悔！"他满怀愧疚地责备自己。

法国和比利时最先禁止硝化甘油的制造与使用，接着瑞典也禁止输入。至于英国，虽无明文规定，但取缔之严无异于禁止。其他大多数国家也都一一禁止输送、销售，硝化甘油几乎成为世界各国望而生畏的绝对禁用物品。

不仅产品受禁，对于诺贝尔的责难也不绝于耳，但他一点也不灰心。

"硝化甘油的爆炸大多在输送途中发生，但在使用时从未发生过意外。只要以安全的方法运输，我相信它绝对是安全的。"

诺贝尔开始研究硝化甘油如何才能安全地运送或存放。他尝试着将硝化甘油溶于甲醇中来运送，等到需要时，再将甲醇蒸发取用，但这种方法仍然不够理想。他也曾有过把液体的硝化甘油变成固体的构想。

富有的发明家——诺贝尔

甘 油 炸 药

连串不止息的爆炸事件，使硝化甘油不再受世人的信任而被下令禁止制造与运送，更造成了诺贝尔火药工厂的萧条。

"诺贝尔先生，我们的事业就此完了！"

共同合伙人威因克拉失望地说着。

"不会的，绝对不会就此结束的，硝化甘油的强大威力绝非其他物品所能取代。"诺贝尔依旧满怀希望。

"话是不错，但没人肯使用呀！"

"所以我必须设法改变它的外形，若以目前的形态出现，当然无法被大众所接纳。"

"那该怎么办？"

"威因克拉先生，我正在想办法设计出最安全的硝化甘油形态，我相信一定会成功。我们的事业仍有光明远大的前景。"

"诺贝尔先生，你真是一位乐天派，希望你能有成功的一天。"

诺贝尔决心全力以赴去解决这个令人头痛的问题。安全的运送装置是安全硝化甘油的第一要件，诺贝尔打算将硝化甘油溶入甲醇中来运送，等要用时，再把甲醇蒸发掉。

"这样不行，过于繁琐，没有人愿意用麻烦的东西，而且炸药本身以液态出现也实在太不方

※表情严肃认真的诺贝尔

※刚刚发明的甘油炸药被广泛地用在"合恩角"施工现场

便了!"

"我们可以使它冰冻。"

"可是,在热一点的地区就行不通了呀。"

"那当然,解冻后它仍是液体,只有冰冻状态才不会爆炸。"

"跟黑火药混合可以吗?"他的助手问道。

"这方法我父亲曾经做过,因为黑火药不太容易吸收硝化甘油,所以不是十分理想。"

"可是它一定要和其他物质混合才行,否则怎能成为固体呢?"

"对呀,我以前怎没想过这一点?我就把硝化甘油和其他物质混合试试看。"

诺贝尔试着把硝化甘油和其他各种固态的粉状物相混合,他发现混合锯木屑的硝化甘油能引起爆炸。

"太好了!这下可以了!"

但木屑粉不是能很容易吸收硝化甘油,因此爆炸威力也相对地会减小。于是他又用土、陶器粉来混合,做了各式各样的混合实验。

"对了,要使液体的硝化甘油能被大量地吸收,木炭粉该是再好不过了。"

诺贝尔一方面苦心研究想出了这个方法,一方面到他曾经学习过的美国去调查爆炸事件的情形。

为了专心调查,他把工作暂时

富有的发明家——诺贝尔

放下,并把他的构想告诉了大哥罗伯特。

在美国调查的结果,远比他所想象的要严重,诺贝尔触景伤情,想起了可怜的弟弟艾米尔的那次事故,心中非常难过。

"无论如何,我必须努力研究创造出安全的硝化甘油炸药。我怎能眼睁睁地看着那些无辜的性命一再地被牺牲呢?"

诺贝尔很快地回到德国克鲁伯工厂,此后他更是无时无刻不为制造安全的硝化甘油而日夜苦思。这时候,他哥哥罗伯特又来了一封信:

阿尔弗雷德,你将木炭粉加入硝化甘油的构想的确很正确,混合木炭的硝化甘油无论在运输或使用上都比液体时来得方便,而且威力也没有减弱。依我看,你日夜期盼的东西已经产生了。

"原来哥哥已做过实验了,但不知是否有比木炭更好的混合材料?"

诺贝尔在细心思考下,似乎隐约记起以前为了搬运上的安全,曾在硝化甘油的盒子空隙中填满硅藻土的事。

"对了,有一次硅藻土因硝化甘油的渗出而结成硬块,用硅藻土试试看,或许有用。"

硅藻土又名矽藻土,是一种又细又轻的土壤。它是由一种叫硅藻的微生物外壳所集结而成的,具有吸收各种物质的特性;而且它的价格低廉,在需求上也不会有短缺的现象。

诺贝尔立刻用硅藻土来混合硝化甘油,它的吸收能力之强真是出乎意料,当它吸收比本身多三倍的硝化甘油后可呈现像黏土一般软硬适中的块状物体形态。

"这样就可以使硝化甘油被大量地吸收了。"诺贝尔兴奋地想着。

诺贝尔把硅藻土混合成的硝化甘油做成棒状,以便插入石洞中,爆裂岩石。

这种混合体的爆炸力比木炭粉、锯木屑等其他混合体的威力还要强大。与液态时一样地猛,而且它的优点是不会使爆炸物体过于细碎而飞溅到各处。

既然能有效地使用,诺贝尔又将目光转向了安全问题上。

他把黏土般的块状硝化甘油混合物从高处投落,并未发生爆炸;再把它制成小粒放在铁板上敲击,结果也没有爆炸。

"太好了!这样的成绩该是满

※心情喜悦的诺贝尔

分了!"

诺贝尔兴奋异常地用雷管来做引爆试验,这种硝化甘油硅藻土随即发出微小的声音而爆裂。

"从高处投掷或敲打都不会爆炸,但只要用雷管引发,就会产生强烈的威力,这就是我期盼已久的最理想的炸药形式。"

诺贝尔喃喃自语,他此刻内心的喜悦真是无法形容。

他立刻拿起纸笔,写信告诉爸爸、哥哥和威因克拉这个大好消息。

硝化甘油从此以固态呈现于世人面前,不管在运送或作业上都有显著的方便与安全效果,也再不会有无谓的伤亡产生了。

诺贝尔迫不及待地去申请了专利。

他并非就此作罢,而是继续从事着硝化甘油和硅藻土的合成比例实验。他还必须从各地出产的硅藻土中挑选品质最优良的来使用。

这种混合而成的炸药,在7∶5的硝化甘油与2∶5的硅藻土比例下混合,不但威力最强而且软硬适度,至今这种合成比例依然被公认为最完美而为世人使用。

"该给这种新的炸药起个什么样的名称?"诺贝尔想着。

"我应该取一个响亮好听的名字……硝酸硅藻土、固体硝化甘油?不好!不好!"

最好是能把这种优越的性能一语道尽的名称。

"对了,就叫甘油炸药。"

"甘油炸药!甘油炸药!"诺贝尔高兴地念着。就这样,新的炸药被命名了。

为了不再出纰漏,诺贝尔接下来的实验十分小心谨慎。

由硝化甘油和多孔物体(就是具有很多细孔、很容易吸收液体或气体的材料)互相混合,所组成的新产品,爆炸力强大而且安全,于1864年正式取得专利,但大量产品直至1866年才面市。

新炸药之所以迟迟不对外公开,是因为诺贝尔想反复试验证

富有的发明家——诺贝尔

实,保证它绝无危险才肯面市。诺贝尔不再像以前那样对危险物品掉以轻心了。

他一再试验的结果,每次都得到相同的答案。他认为这样就可以使一般人安全使用了。

诺贝尔于是在将新制炸药对外公布后就开始大量制造出售了。

1866年10月,克鲁伯地方组织了一个甘油炸药安全审查委员会,对诺贝尔所制造的炸药在安全性和威力方面作了一次安全审查。

审查结果是全体安全审查委员会人员一致认为,这是一种成功的产品,在使用和运输上的安全问题已经过关,绝对可以放心使用。

多年来的辛勤努力总算有结果了。诺贝尔的生活如同旭日东升,充满了欢乐、喜悦与希望。同时,工厂里炸药的制造量也与日俱增。

第二年的年初,德国矿业界人士便前来订购大批的甘油炸药。甘油炸药此刻深受矿业界人士的注目而被称为诺贝尔安全炸药。

在矿山开采时使用甘油炸药已成必然,而且从未发生意外。由于挖掘矿坑的效率提高,也使矿山业主的利润日增,每一个矿商都眉开眼笑了,至于以前曾批评、毁谤诺贝尔的人,如今也都对他表示出极高的崇敬与赞许。

到了1867年5月,不仅德国国内订购采用,连英国也加以采用;9月,阿尔弗雷德的祖国瑞典也开始来订购了。

"瑞典已经愿意使用,我总算是有机会为国家尽一点心力了。"诺贝尔虽然身在外国,但他从未忘记自己的祖国瑞典。他一生都牢记要把握机会为祖国尽忠效劳。

"恭喜!恭喜!"除了父亲和哥哥以外,所有的朋友都来信道贺。

一度被视为可怕的危险物品,现已成为赐福人类的大功臣。甘油炸药用途之广难以尽述,诸如隧道工程、开发铁路、挖掘运河、开山辟地等。

采矿技术随着甘油炸药的运用发生了伟大的革新,不仅铁矿被大量地开采,就是其他的金属也源源不绝地陆续为人们充分利用,从而促进了世界发展的快速进步。

诺贝尔的克鲁伯火药工厂在不断地扩展中,甘油炸药的生产额也一年年地提高。1867年,出厂的甘油炸药产量是11吨。1868年约增为78吨,接着又增为185吨,再过一年,它的产量是424吨,而后马上又提升为785吨。每年的制造额都在直线上升。一直到1874年,甘油炸药已爬升到每年3120吨的高供应量了。

诺贝尔的声誉，随着甘油炸药制造量的急剧上升而传遍全球的每一个角落。

这种新型炸药很快就遍布全球，促进了世界文明的积极进展；然而在它们遍及各国之前还有一段艰难困苦的过程。

在设立克鲁伯火药工厂时，德国立即对甘油炸药加以认可而广泛地使用，但其他国家并非如此，所以诺贝尔必须到各国去游说，来阐明甘油炸药的利用价值。

1867年5月，甘油炸药在英国取得专利权，但却不准在英国制造使用。

"真是怪事！授予专利却禁止使用？真不知道他们是怎么想的！"

诺贝尔对英国的做法疑惑不解，他就暗中去查访。后来获悉，原来是阿培尔教授怕自己的棉火药会受到影响，所以才极力反对使用甘油炸药。

诺贝尔向英国政府写信说明阿培尔教授的错误观念，此后英国政府才知道甘油炸药的安全可靠而准许其制造使用。

1871年英国在格拉斯哥设立英国甘油炸药公司，并在苏格兰的阿鲁尼亚设立工厂。如今这个火药制造厂已成为世界最大的火药厂之一。

不久后，阿尔弗雷德来到法

※炸药的发明让一些繁重的开采与拆除工作变得轻松

富有的发明家——诺贝尔

国。他很希望能在这令他难忘的国家设立火药工厂。

1869年春天他抵达巴黎。巴黎方面早已闻知阿尔弗雷德的伟大事业，尤其是一位名叫帕鲁·巴布的年轻企业家对阿尔弗雷德的超人智慧与毅力佩服得五体投地。

巴布经营制铁工业，当他得知阿尔弗雷德来到巴黎的消息后，立刻去拜访他。

"诺贝尔先生，对于您伟大的研究工作我真是钦羡不已！尤其是您以前发明的雷管和此次甘油炸药的发明成功，我非常感兴趣。"

"谢谢您，能认识您，我感到很荣幸。"

"我一直期望能在法国设立甘油炸药制造厂。"

"我正是为此而来，希望能得到热心人士的赞助，在此设立工厂。"

"这可真巧，看样子，我们可以共同在巴黎开创这一事业了。"

于是，他们两人就联合向法国政府提出申请，但未能得到法国政府的许可。

原来火药在法国属于公卖事业，政府的火药公卖局只顾眼前的利益，不愿民间插手，因此禁止甘油炸药在法国境内生产。

"我完全知道甘油炸药的威力和安全性。"巴布说道。

"这对法国将是一种严重的损失。"诺贝尔也深表遗憾。

"更糟的是德国早已大量生产强力甘油炸药，万一德国与法国发生战争，法国在军力上如何与德国对抗？"巴布忧虑地说。

"是呀！依目前局势的演变，战争将很快爆发。"

果然不久后，德法战争爆发了。

当时的德国被称为普鲁士，这次战役就是历史上著名的普法战争。普军因使用甘油炸药，一连攻破法军许多重要阵地；法军虽尽力死守，但火药的威力比不上德军，法军屡次败北，而德军则节节胜利，最后攻入法国境内。

知识链接

普法战争

普法战争是1870年7月17日至1871年5月10日法国同普鲁士王国之间的一场重大战争。

普法矛盾由来已久，19世纪60年代两国关系恶化。法国企图阻碍德意志统一，称霸欧洲。普鲁士王国企图打败法国以便统一德意志，争霸欧洲。英国、俄国则不愿法国过分强大，国际环境有利于普鲁士王国。

1868年西班牙爆发革命，西班牙临时政府建议德意志霍亨索伦王族的利奥波德亲王继承西班牙王位。法国提出异议，普鲁士国王让步。1870年7月13日法国要求普鲁士国王作出永久不让霍亨索伦家族继承西班牙王位的保证，普鲁士国王同意，并电告普鲁士王国首相俾斯麦。而俾斯麦蓄意挑起战争，篡改了国王电文并公之于众，使法国蒙受耻辱。西班牙王位问题成为战争导火线。

※拿破仑三世

1870年7月17日法国向普鲁士宣战。法军屡败。9月1日色当决战，普军取得胜利，2日法国拿破仑三世和麦克·马洪元帅率军投降。4日巴黎发生革命，推翻第二帝国，宣布共和，成立以特罗胥将军为首的国防政府。

战争初期，德意志人民为实现民族统一而战。后期发生转折，普鲁士王国从自卫战争转入侵略战争。普鲁士军队占领法国东北部，烧杀抢掠，矛头指向巴黎。

7月4日成立的特罗胥国防政府未作积极抵抗。17日普军包围巴黎。巴黎人民开始组织国民自卫军。10月27日巴赞元帅率军在梅斯投降。1871年1月18日普鲁士国王威廉一世在凡尔赛宫宣布成立德意志帝国，继德意志皇帝位。28日法德签订停战协定，规定法国投降，解除正规军武装，召开国民议会批准条约草案等，但巴黎国民自卫军继续保持武装，要求抗击德军。3月1日法国议会批准条约草案。3月18日巴黎发生无产阶级革命，凡尔赛政府调集军队与德军配合封锁巴黎。5月10日法德正式签订《法兰克福条约》，战争结束。条约条件苛刻：割让阿尔萨斯省和洛林省之大部给德国；法国赔偿五十亿法郎，在赔款付清之前，德军留驻巴黎及法国北部诸省，占领军费由法国负担。

普法战争改变了欧洲政治军事格局。法国受到削弱，国际地位下降。普鲁士支配全德意志，成为强国，开始在欧洲拥有优势。

富有的发明家——诺贝尔

"普军使用的炸药威力太大，我们无法对抗。"法军参谋长向司令官报告说。

"这该怎么办？"

"敌军火药的威力远超我方军火，希望我们也能采用高性能的炸药。"

"那是什么火药，难道不是棉火药？"司令官感到很奇怪。

"我军目前使用的正是棉火药，它连城墙都无法爆破。"

"那么敌军使用的火药是什么？"

"是甘油炸药。"

"甘油炸药？我好像听过。"

"那是瑞典人阿尔弗雷德·诺贝尔发明的，以硝化甘油做原料。"

"是阿尔弗雷德吗？我方为什么不制造呢？"

"有一个叫巴布的人，曾与阿尔弗雷德一起向我政府申请制造，但未获政府批准。"

"这是什么话？快去请巴布到军司令部来，我要仔细地听听整个过程，也许我们还来得及。"

参谋长立刻派人去查访巴布的住所。

"找到没有？"司令官看上去已经等不及了。

"他本来在巴黎近郊经营铁工厂，现在已应召入伍。目前正积极设法调查他所属的部队。"

"赶快去找！"

不久，参谋长又来到司令官办公室。

"报告司令官，巴布所在部队已查出来了。"

"在哪里？"

"在都尔要塞。"

"什么？都尔？都尔不是昨天已被敌方攻陷了吗？"

"是的。"

"唉，太糟了！已经没有办法了。"司令官失望地说道。

尽管士兵勇猛，置生死于度外，但仍无法抵挡新火药的威力。法国终于向普鲁士投降，结束了这场战争。

巴布则在都尔陷落后被普军俘虏，战争结束后又回到了法国。

"诺贝尔先生，这次我亲身体会到甘油炸药的实际威力，真是太可怕了！"巴布见到诺贝尔第一句话就是这么说的。

"你能平安回来就好了。"诺贝尔安慰着他。

"甘油炸药使要塞的防御工事顷刻瓦解，很多士兵横尸战场。"

"那是必然的。"

"但那些伤亡的士兵，真令人惨不忍睹！"

诺贝尔听到巴布的形容后,心中的凄楚油然而生。他又忆起了死去的幼弟艾米尔。

"甘油炸药竟然给人类带来痛苦,带来不幸!"诺贝尔辗转地思索,并深深地为此自责。

"不,您千万不可有这种想法,炸药本身无罪,是战争带给人类痛苦。如能适当地使用,比如说开矿及土木建筑等,不也是可以给人类带来无比的益处吗?"

听巴布这么一说,诺贝尔才稍觉心安。

法国战败后,拿破仑三世退位,重组一个新的共和国。新生的共和政府为使法国能壮大起来,计划在工业方面寻求发展,因此积极推动矿山开采和土木工程事业。

诺贝尔和巴布立刻向法国政府申请建立火药工厂。不用说,他们马上得到法国政府的批准而在法国南部的波利尔设立了炸药工厂。

同时,诺贝尔和巴布也在瑞士创立了一家炸药制造工厂。

炸药的大量制造与充分利用不断地在向各国推广,意大利发明家沙布雷洛眼见这种情形,也不再保持缄默了。

他于1873年在意大利的托斯卡诺成立了炸药工厂,以硅藻土和硝化甘油混合做成火药,用"黑色素"命名出售。

炸药促进了许多国家在工业上的飞速发展。

※中国人发明的黑火药主要是用来做烟花

富有的发明家——诺贝尔

可塑炸药

诺贝尔炸药的强大威力，渐渐受到各国一致认同，它给采矿、土木工程、铁路建设等事业带来便利。

但人们总是不满足于现状，希望时时有更新的产品问世。那些从事于开矿事业的人一再要求阿尔弗雷德做更精良的发明、研究，希望出现一种威力比甘油炸药还大的炸药。

诺贝尔又开始琢磨了，他想："甘油炸药由硝化甘油和硅藻土所合成，硝化甘油的威力已经达到极限了。"

诺贝尔突然想到硅藻土只是土而已，它既不燃烧也不会爆炸，在爆炸力上没有丝毫作用，但如果它本身具有爆炸力，情形就不同了。

诺贝尔灵机一动，努力想着有什么东西本身具有爆炸力，而又能取代硅藻土。

黑色火药以前已经试过，它的吸收力不强，根本不需再考虑。

于是，他就用硝酸铵、木屑粉和硝化甘油相互混合，虽然三种东西都能完全燃烧，但它的威力仍无法取代甘油炸药。

"诺贝尔先生，甘油炸药中的硝化甘油经常从包装纸中渗透出来，您看可否加以改良，使它不再渗透出来。"有一天，一个从事采矿业的人向诺贝尔提出这样的要求。

果然，甘油炸药只要稍受挤压，硝化甘油就会从硅藻土中渗出，这是一种无谓的损失。诺贝尔想：是否有吸收力更强的东西可取代硅藻土？

时间不停地在流逝，但诺贝尔仍未找出更好的代用品。

早在1845年，瑞士的巴赛大学有位名叫薛庞的教授，他专门研究各种物质与硝酸的混合作用。有一次，他把棉花放入硝酸和硫酸的混合液中浸泡。第二天，当他把棉花取出用水清洗时，他发现棉花丝毫没有被溶解的迹象。于是他又把那块浸泡过的棉花晾干，晾干后的棉花比以前稍微硬一点。薛庞教授用钳子夹起棉花放在酒精灯上烧，棉花"轰"的一声燃烧起来。奇怪的是，不但没有烟雾，也不残留任何灰烬。薛庞教授大吃一惊，他发现棉花可以制成无烟火药，受此启发，他发明了爆炸时不生烟雾的火药棉。

火药棉的发明很快引起火药公司和政府当局的注意，因为它不产生烟雾，不论用在大炮还是各种枪械上，都不会被敌人发现射击的地

※火药在枪炮中的使用，引发了军事技术的变革。图为火枪

富有的发明家——诺贝尔

※ 子　弹

点和位置。

当时机关枪已被使用，但它的子弹是由黑色火药制成的，不但发射后很容易被敌方侦悉发射的位置，同时发射者本身会因烟雾造成的模糊不清而无法瞄准。因此，机关枪在当时不能算是很便利的武器。

无烟火药早就是各国军部和兵工厂期待出现的产品，很多火药棉的制造厂相继兴起，开始制造无烟火药。但工厂却常有爆炸事件发生，经常有新建的工厂在刚动工后便立刻化为灰烬。

火药棉的危险性太高，无法继续生产，因此所有的火药棉工厂又都纷纷歇业。

当时，美国有一个名叫美纳尔的医科学生，他利用棉花和硝酸发生轻微的作用而制成了类似棉火药的药剂，这种药剂很容易溶解于酒精和乙醚中。把溶化的液体涂抹在物体的表面上，乙醚和酒精会很快挥发，形成一层薄膜，这层薄膜就是硝酸纤维素胶片。

美纳尔是个医科学生，所以他的发明很快地就被运用在医学治疗上，这就是大家熟知的创伤膏的由来。

把硝酸纤维素涂在伤口上，它具有创伤膏的作用。美纳尔把他的发明制成水溶液出售，销路出奇地好。这种液体就叫"棉胶"，它一直被当作水创膏来使用，有时也可当作糨糊用。

正是因为这种棉胶，引发了诺贝尔对新产品的灵感。

有一天，诺贝尔在实验室中不小心被玻璃割破了指头，他立刻在伤处涂上棉胶，继续从事他的研究实验。不料，到了晚上，诺贝尔上床睡着以后，手指的疼痛使他醒了过来。

"奇怪，伤口怎么了？"

原来，手指的疼痛是因为其他药物渗透伤口所引起的。

"咦，棉胶还是好好的，并未脱落嘛！难道伤口化脓了不成？"

他把粘住伤口的棉胶撕下，用水洗净伤口，疼痛似乎减轻一些。他再涂上新的棉胶，伤口已不再像先前那样剧烈地疼痛了。

诺贝尔再度回到床上，心中暗想："到底是怎么回事？一定有某种物质透过棉胶侵入了伤口。我在睡前做了些什么?啊!对了!我摸过硝酸,这么说,硝酸具有透过棉胶膜的能力。"

诺贝尔突然间若有所悟,穿着睡衣就直奔到实验室去。

"对!把硝化甘油和硝酸纤维素混合看看,这两种都是爆炸物质,硝酸纤维素是固体,如果两者能完全融合,必能产生威力更强大的炸药!"

诺贝尔作了如此的假设后,就立刻开始着手去做。

他取出棉胶液和硝化甘油,以各种不同的比例互相混合。试验的结果,在某种比例下,他得到了类似果冻一般软硬的胶质合成物。

"这就是了!"他兴奋地说。

这一次的实验做得非常顺利,在短短的时间内就制成了威力很强的炸药。他凝望着放在盘中像果冻般的炸药,一瞬间,阳光照满诺贝尔喜悦的脸庞,他早把手指的疼痛忘得一干二净了。

新发明的硝化甘油属于无烟炸药,是由硝化甘油和硝酸纤维素所制成的像果冻状的胶质物体,可塑性很高,被命名为"可塑炸药"。

可塑炸药有着极为强大的爆炸力,因为合成它的成分已不再是硅藻土,而是本身具有爆炸力的硝酸纤维素。

甘油炸药中的硅藻土,只能作为吸收硝化甘油的混合物,而硝酸纤维素可与硝化甘油完全融合成一体,形成像果冻般的胶质。

无论在运输或使用上,可塑炸药与甘油炸药的安全性是不相上下的。而且无论如何挤压,可塑炸药中的硝化甘油也绝不会离析出来。

"诺贝尔先生,这可真是个了不起的发明,请赶快生产出来让世人见识见识吧!"诺贝尔的助手理德·贝克向他建议。

"凡事不可操之过急,对于采取哪一种比例来调和或使用哪一种硝酸纤维素最为理想,还得做一番仔细的研究。"诺贝尔慎重地告诉助手。

诺贝尔做了各种浓度不同的硝酸纤维素。也就是不断改变棉花和硝酸的作用,使棉花的硝化度由高至低做了各种程度不一的硝酸纤维

※赫尔辛基

素，并且再用各种不同的比例和硝化甘油混合。他一共制成了250种混合物，再一一试探其性质的优劣和作用的强弱。

理德·贝克对炸药的研究具有浓厚的兴趣，因此能够成为一个认真而热心的好帮手。他不仅协助诺贝尔做各项试验，也负责设计制造机械方面的工作。

新制成的火药由于可塑性极高，所以适合于各种用途，也因此制成了各种形状、用途不同的炸药。像特级炸药、凝胶炸药或类似果冻般的可塑炸药等。

在各种形态的新产品中，以果冻状的炸药最为安全且威力十足，它是由7%的硝酸纤维素混合硝化甘油制成的。这种掺杂以硝酸纤维素的炸药，爆炸威力远大于纯硝化甘油。

"诺贝尔先生，这种炸药的威力真是强劲，但放在铁板上敲打却毫无反应，这是怎么回事？"理德·贝克惊奇地问。

"是啊，这种结构的炸药才算完全地成功。"诺贝尔内心充满喜悦地回答。

"不仅是成功，简直是成功中的成功！"

"为什么？"诺贝尔奇怪地问道。

"因为这种新炸药不怕潮湿，在水里也可照常使用。"

"哈哈！也许可以用来捕鱼呢！"

"嗯，我们就以渔业用炸药来宣传它，你觉得如何？"

"我想，它真正的用途还是在于港湾建设时，用来爆破水底岩石，这比捕鱼要来得更恰当而有意义。"诺贝尔有着他更深的想法。

"有理！以前发明的甘油炸药使矿山开采、隧道修筑、铁路建设等事业勃然兴起，如今又可使水底工程、港湾建设欣欣向荣，这些贡献真是太伟大了！"

诺贝尔继甘油炸药之后，又发明了硝化甘油系列的无烟炸药，为人类谋求更高的利益。这是在1878年完成的。

这种炸药很容易塞入岩石中的孔穴中，而且可以只用纸来包裹，不仅使用、包装上方便简省，在威力方面也绝不逊于甘油炸药，这也是这个新产品的最大优点。由于在运输上及工程现场作业的便利，硝化甘油系列的无烟炸药受到矿业、土木业者的热烈欢迎。

不过，价格略微昂贵是它唯一的缺点，但这并不影响它的销售。这种炸药很快便在世界各地上市。

家族的事业

1859 年父亲伊曼纽尔离开俄国以后,长子罗伯特、次子路德维格两人仍留在圣彼得堡。

诺贝尔工厂虽然转让给了别人,但他们兄弟俩仍旧在工厂中担任经理和厂长的重要职务。

大哥罗伯特后来与一个芬兰女子结婚,但因她不喜欢俄国的生活方式,无法适应当地的生活,所

※圣彼得堡涅瓦河风光

富有的发明家——诺贝尔

以夫妻两人相偕回到芬兰的赫尔辛基经商。

罗伯特开设的店铺,专门销售陶器和油灯。当时石油灯是一种很普遍的照明工具,因此他的店里不仅出售油灯也兼售石油。

一天,有一位顾客非常生气地对他说:"你卖的油真是糟透了,不但点不燃而且臭气冲天。"

"很抱歉,请等会儿,我马上替您换。"

客人走后,罗伯特仔细研究客人退回来的油,才发现这并非原油的精炼品,里面含有过多不适合点灯用的成分。

罗伯特本来就是一位很能干的技师,对于这种劣质的油,他开始研究并改良其成分而使其成为上等灯油。

罗伯特把石油放入细颈瓶中,仔细地端详。心想:这油含有高百分比的重油,如何冶炼才能成为好的灯油呢?我想应该是把油放在细颈瓶中经过蒸馏后,去除较重的沉淀,而取用较轻的那一部分。

罗伯特准备了一个蒸馏瓶,把油放入瓶中蒸馏后取用其中较轻的成分作为灯油。

"这样虽然可以使油灯点燃,但仍具有怪味和烟,这种油客人不会满意的,我该怎么做呢?"他向妻子征询意见。

"我看先用硫酸洗一洗,再用苛性苏打水洗,最后用水冲去杂质,这样一定能成为上等灯油。"

"那太麻烦了!"

"但只有这样才能使低劣的油质变成好油啊!"

当他把这种油卖给顾客时,客人们都说:"这果然是好灯油,以后希望每次都能买到这种好油。"

于是罗伯特把采购进来的劣等油,经过提炼后以优厚的利润毫无损失地售了出去。

"你真是了不起,我认为我们应该经营石油公司,这样才不会让你大材小用了!"妻子佩服万分地对罗伯特说。

"芬兰不产石油,我们经营石油公司太不划算。"

虽然有改良过的灯油出售,但罗伯特的杂货生意并不是很好。

为了找一份更好的工作,罗伯特便回到斯德哥尔摩和父亲、弟弟商量。

当时正是阿尔弗雷德对硝化甘油炸药的研究初有所得,刚刚开始生产产品的时期,所以罗伯特也决定从事此项行业。

他回到芬兰后,就关了杂货店铺,另外开设了诺贝尔硝化甘油公司。

因为罗伯特热心地推销，使硝化甘油炸药曾一度畅销，但后来因为相继发生的爆炸事件，人们便不愿再使用它。

"真倒霉，运气坏透了！一个原本很上轨道的生意又泡汤了！"

"不知道还有其他什么办法可想？"妻子问他。

"你不喜欢俄国，否则我们仍可回到圣彼得堡去协助路德维格的工作，这是最妥当的办法。"

"不用担心我，我看也只能这样了。"妻子表示赞成，于是两人又回到了俄国。

路德维格一直未曾离开过圣彼得堡，经过长时间辛勤地努力，他终于自己开设了一家机械公司。由于他是一位优秀的技术人员，又具有企业家的头脑，所以他的机械事业很快就兴盛起来。

父亲以前的工厂专门从事水雷等武器的制造工作。路德维格凭借着以前在工厂学习的经验，从事枪械和大炮等零件的制造。目前这座机械工厂比以前他父亲的工厂名气更大。

从芬兰来到俄国的罗伯特，决定到弟弟的工厂中工作。

"路德维格，没料到你的事业会如此飞黄腾达。"

"哪里的话，哥哥你肯来帮助我，就像得到了一百万的生力军，以后可要劳您多费心哦。"弟弟谦虚地说道。

"这话该是我说才对，凡事我会尽最大的力量。"

罗伯特的主要工作是负责产品销售和材料采购等，属于商场业务

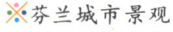
※芬兰城市景观

富有的发明家——诺贝尔

方面，因此经常要在广阔的俄国境内奔波走动。

"哥哥，购买枪支的人太多，虽说有足够的铁，但制造枪杆的木材却很缺乏，经常供应不上。"

罗伯特问道："做枪杆的木材是特殊木材吗？"

"是的，一定要木质细密、坚硬、厚重的胡桃木才行。"

"榉木行吗？"

"榉木产量固然很多，找起来也方便，但一枝好的枪，必须用胡桃木做枪杆才可以。"

"那我想办法找找看！"

"又得麻烦您了。"

"你可知道胡桃木何处产量最丰富？"

"就在巴库一带，那是俄国境内最大的产地。"

"巴库是在高加索山附近吗？"

"是的，也就是在里海沿岸一带。"

于是，罗伯特为了寻找胡桃木而只身跑到遥远的巴库去了。没想到这次旅行竟成为诺贝尔兄弟两人命运的转折点。

罗伯特在巴库地区四处寻找胡桃木的同时，竟意外地找到了比胡桃木更有价值的宝藏，那就是石油。

巴库地区石油的蕴藏量很丰富，这在当地早已不是件新闻了，此地的油田在世界石油史上，堪称是最古老的油田。

根据古希腊神话的传说，由天庭盗火给人类而被天神捆绑于高加索山的岩石上，让老鹰来啄食肝脏的普罗米修斯所流出的血汇集于山下，就成为现在的巴库油田。

知识链接

普罗米修斯

在古希腊神话中，普罗米修斯是泰坦巨人之一。在宙斯与巨人的战争中，他站在新的奥林匹斯山神一边。他用黏土造出了第一个男人。雅典娜赋予了这个男人灵魂和神圣的生命。

普罗米修斯还花费了很多时间和精力创造了火，并将之赠予人类。火使人成为万物之灵。在这之后，举行了第一次神与人的联席会议。这个会议将决定烧烤过的动物的哪一部分该分给神，哪一部分该给人类。

普罗米修斯切开一头牛，把它分成两部分：他把肉放在皮下，将骨头放在肥肉下。因为他知道自私的宙斯爱吃肥肉。宙斯看穿了他的把戏。普罗米修斯偏袒人类，这使

宙斯感到不快。因此，宙斯专横地把火从人类手中夺走。然而，普罗米修斯设法窃走了天火，偷偷地把它带给人类。

宙斯对他这种肆无忌惮的违抗行为大发雷霆。他令其他的山神把普罗米修斯用锁链缚在高加索山脉的一块岩石上。一只饥饿的老鹰天天来啄食他的肝脏，而他的肝脏又总是重新长出来。他的痛苦要持续三万年。而他坚定地面对苦难，从来不在宙斯面前丧失勇气。

就这样，日复一日，年复一年。直至一位叫赫拉克勒斯的英雄为了寻找金苹果来到此地。这位百发百中的神箭手看见神的后代被缚在悬崖上，一只巨鹰正在啄食他的肝脏，便立即放下行囊，弯弓搭箭，射死了恶鹰。然后他打开铁链，把普罗米修斯解救下来。宙斯知道这件事后大发雷霆。为了平息宙斯的怒气，赫拉克勒斯把马人喀戎带来作了普罗米修斯的替身。喀戎被赫拉克勒斯的毒箭误伤，伤口始终不愈，疼痛难忍，但他情愿牺牲自己，也要把永生的权利让给普罗米修斯。

不过，宙斯还是要普罗米修斯的手腕上永远戴着一只铁环，上面连着一块高加索的石片。这样，宙斯就可以夸耀他的仇人仍然被缚在山上。

现在我们常把普罗米修斯比喻成为他人而宁愿牺牲自己的人。

※普罗米修斯塑像

在当时，巴库的石油并未被人们所重视，人们以为它毫无利用价值，俄国人所使用的石油大多从美国输入。因此，巴库油田几乎是荒废在那里，很少有人去开采。

罗伯特在巴库地区寻找胡桃木

富有的发明家——诺贝尔

※ 开采石油

时，到处可以看到油井林立，他颇感兴趣，这大概是因为他在芬兰曾对石油的精炼下过一点功夫的缘故，所以多少了解一点石油的利用价值。

"在这么广大的地区中，处处可见油田，想必它和美国的加州一样，在地底下一定蕴藏着丰富的原油。"罗伯特心里这样想着。

回到圣彼得堡后，罗伯特向弟弟提及此事，他说："我认为巴库将来会成为一个很大的石油产地，你认为如何？"

"我想应该是这样，改天我们再一起去看看吧。"

"如果真有大量的石油埋藏在巴库油田里的话，我们就可以一起经营石油的事业了。"罗伯特建议说。

"这倒是个好主意。如果真是这样的话，我宁可放弃目前的工作，而去投身于石油事业。我有预感，石油在未来的世界将是一种不可缺少的重要物资。"

不久，两兄弟就到达巴库开始做初步的调查工作。

1875年，罗伯特再度来到巴库，买了一个他认为有希望的小油田。

"哥哥，这个油井的确不错，虽然尚未深及内层，但只要稍微一挖，就有大量石油涌出了，光靠人工挖掘，实在不是办法。"

路德维格不但是一位企业家，也是一个精干的机械技师。当他看到工人辛勤地用手来挖井的景象，立刻构想出要制造一个挖井的机器，它不仅要能挖得深还要挖得快。这个想法很快就实现了。就这样，因为诺贝尔兄弟灵活的脑筋，他们的石油产量得以不断地增加。

油量的丰富，激发了他们成立一个石油精炼厂的动机，而这一次就轮到罗伯特大显身手了。

"哥哥，你是何时学会石油精炼法的？"路德维格奇怪地问道。

"这哪算什么精炼法，只不过是我在芬兰开杂货店时，胡乱摸索出来的玩意儿。"哥哥罗伯特说道。

"人生也真是奇妙，往往在无意间所做的一些事，却给以后带来莫大的益处！"

诺贝尔兄弟的石油事业蒸蒸日上，这不但使他们成为石油巨子，也奠定了今天巴库油业的基础。

如今的俄罗斯之所以成为世界石油最大产油国之一，主要是基于当初巴库丰富油矿的开采。

石油之城——巴库

罗伯特和路德维格共同创立的石油公司,由于全体同事的不懈努力,业务在不断地蓬勃发展。

具有发明才能的诺贝尔兄弟,不只对于买卖事业的经营,同时对于石油的采掘、运输及精炼也都下了一番功夫。这种努力促使石油业日益精进,同时也奠定了诺贝尔石油公司日后伟大成就的基础。

"路德维格,石油产量虽然在不断增加,但若不想办法运送出去,外界势必会因为缺乏油源及运费暴涨而提高油价,这种影响会导致不良后果。"有一天罗伯特担心地和弟弟说道。

"哥哥,我也考虑到这一点,你先看看我设计的车子模型。"

"好,让我看看。"

按照路德维格设计的车型蓝本,专门运输石油的"阿尔巴士"产生了。

他们又在距巴库十千米的巴拉卡尼,开辟了一处油田,利用"阿尔巴士"往返运送。从此诺贝尔兄弟的石油事业获得了更大的利润。

"哥哥,我们已经有了足够的资金,而且一直经营得都很顺利,我想现在应该扩大和增加设备才行。我们不如在巴拉卡尼和巴库间铺设油管,你认为怎么样?"

富有的发明家——诺贝尔

※诺贝尔兄弟所发明的管道输送石油方法获得了成功,之后被世界各国采用

"要用油管输送?要知道两地间足有十千米的距离呢。"哥哥担心地说道。

"哥哥,你想想看,挖一条水沟可以使水流畅行,石油和水一样是液体,我们只是依样画葫芦,却可以省去许多麻烦,不是很好吗?"路德维格建议说。

"既然如此,那我们就试试看好了。"

他们采用了新的方法,在巴拉卡尼油田到巴库炼油厂之间设置油管,以便利原油的输送。这种方法竟然非常成功。

采用了这个方法以后,原油的成本降低了,诺贝尔出售石油所得利润也就相对地增高了。

"从事任何一种行业,只要肯动脑筋,没有不成功的。"

"可是,哥哥,最近发生麻烦了!"

原来自从采用油管输送石油后,过去从事运输业的人都因此而失业,他们无以谋生,便开始破坏油管。

诺贝尔兄弟不得不雇用武装警卫人员来予以保护。但他们的石油事业并未因此停顿,不道德的破坏者毕竟是少数,因此油管架设工程,仍在不断地扩展。

十年后(1882年),诺贝尔两兄弟合组的石油公司,已经具备庞大的规模,每年有二十万吨的石油出厂。巴库炼油厂里有二十多个并排的大型储油槽,使得这座工厂显得格外壮观。

石油事业有了非凡成就的路德维格,在1875年写信给阿尔弗雷德说:

听说你的甘油炸药研究工作已圆满完成,我在此为你喝彩!

我们在此经营的石油事业也相当顺利,最近罗伯特在邱雷肯岛又发现了一处油田，幸亏他对石油精炼非常在行，又想出了改良的方法。我们都希望你能来参观我们的工厂，或许因为你的来临，我们的石油事业又将再现新的景象。

对于哥哥的邀请，阿尔弗雷德回信说："谢谢你们的邀请，我由衷地祝福你们事业成功，我真希望能立刻看到你们那壮伟的石油工厂，但由于目前对甘油炸药的研究我暂时无法脱身，只好过些时间再说了。"

1877年，路德维格到法国巴黎和阿尔弗雷德会晤，并表示希望阿尔弗雷德能加入他们的石油事业。

阿尔弗雷德对石油事业也颇感兴趣，于是决定成为诺贝尔石油公司的股东之一。

第二年的5月，诺贝尔兄弟石油公司成立了，并在1879年由俄皇投以巨资，成为拥有三百万卢布资本的大公司。

阿尔弗雷德从此不但是一位炸药发明家，也成了一个石油企业家。

诺贝尔兄弟石油公司，以迅雷不及掩耳之势勃然兴起。为了使工作井然有序，处理得体，路德维格负责圣彼得堡方面的业务经营，罗伯特则负责在巴库方面的技术工作。

1879年，罗伯特突然生了一场大病，从此无法再像以前那样工作了。

"这可怎么办？偌大的一个公司，要我独自承担，又不方便请阿尔弗雷德来帮忙……"路德维格担忧着公司的发展。

从这以后，路德维格不得不挑起重担，兼顾着圣彼得堡的营业和巴库的工厂管理，他的生活更是忙碌不堪。但他具有惊人的才能，足以应付各方面的事务，公司的一

知识链接

巴 库

巴库，阿塞拜疆共和国首都，里海一个大港口，外高加索第一大城市。位于里海西岸阿普歇伦半岛南部。其面积2192平方千米，人口近300万（2008年）。巴库由10个行政区和46个城镇组成，1月平均气温为4℃，7月平均气温为27.3℃。阿塞拜疆盛产石油和棉花，阿塞拜疆人骄傲地称之为"黑金和白金"，在阿塞拜疆苏维埃社会主义共和国时期，国徽上还刻着石油井架与棉铃图案，是这个国家两大经济支柱的象征。

富有的发明家——诺贝尔

切仍然有条不紊,而且有了长足的进步。

1882年,阿尔弗雷德终于有机会到俄国来,路德维格真是兴奋极了。

"阿尔弗雷德,我们的石油事业你还满意吧。"路德维格说道。

"真是惊人!能使巴库成为一个大工业区,实在出人意料,哥哥,你实在是了不起!"

"哪里,这点小事怎能和你的炸药事业相提并论。"

"哥哥,你太谦虚了!巴库能成为石油之城,俄国和欧洲的工业能迅速发展,都是你一手造成的。我一想到这点,就倍感骄傲。"阿尔弗雷德由衷地说道。

"经你这么一说,我可真是乐坏了。"

阿尔弗雷德站在一个发明家兼企业家的立场来参观哥哥的工厂和公司。他把自己的感受坦白地说了出来,丝毫没有奉承恭维的意思。而且在他提出的建议当中,颇有值得路德维格参考和采纳的地方。

"无能者无所求。"这是路德维格的座右铭。

他以工作为乐,每逢困难挫折横阻于前的时候,都能勇往直前,一一克服。

这种不畏艰难的决心和毅力,是诺贝尔兄弟所共有的特质;此外,他们也都具有一颗仁慈善良的心。

慈善的胸怀,可能是得自母亲的遗传。卡罗琳娜女士不仅怜恤穷苦的人,更乐于倾全力去帮助那些需要帮助的人。

阿尔弗雷德·诺贝尔的慈爱,可由创立诺贝尔奖的事实得到证明。至于路德维格,我们也可从他经营企业的手段与政策上得到答案。

路德维格对工厂中的员工爱护

※在还没有多少人注意的时候,诺贝尔兄弟却已经在石油上发现了巨大的商业价值

有加，所给付的薪资也是当时不可多得的高薪待遇。

那个时候，是一个视工人如牛马的榨取劳动力的时代，路德维格却主动安排员工休假，让他们有时间做休闲活动，并把十二至十四小时的工作时间，减为十小时三十分钟。此外，他的工厂里，绝不雇用十二岁以下未成年的儿童。

在巴库城，有一个非常理想的住宅区，这便是路德维格特地为员工们建造的住所。

此外，他也为单身员工们建有舒适的公寓；为了方便员工上下班，还备有专门接送的汽船。

工厂里更设有足够的娱乐器材和完善的医疗设备，使全体员工都能愉快而安心地工作。

"公司的繁荣，全靠员工们一致地努力，使他们心情愉快、生活安定是我的责任。巴库位于里海边缘，远离都市，这种偏僻荒凉的地方，要使大家的心情愉快、生活上无所顾虑，更是我的职责所在，这也是我酬谢他们辛苦劳动的最好方法。"每当有人问及，路德维格就会这样回答。

一度被废弃的巴库能成为今天繁荣的工业区，是需要付出很大代价的。

有人称这一地区是"巴库的绿洲"。的确，在一片荒原中，它能特立、突出，实在是当之无愧。

工业区面临里海秀丽的海岸，夏季是最好的避暑胜地；冬季徘徊于沙滩上，则另有一番景致。

诺贝尔公司里有一条新章程，准许员工自由加入公司股份，这是其他公司所没有的。

公司上上下下的组成人员都心怀感激，莫不对路德维格崇拜、尊敬而尽力为公司效劳。

石油之城巴库，就在这样的经营下发展壮大，奠定了今日俄罗斯石油工业的基础。

可是在1883年，诺贝尔兄弟石油公司却遭到了前所未有的严重波折。

当时石油价格虽然低廉，但这次意外事件对诺贝尔兄弟来说确是一大损失。

"董事长，工厂发生了大火！"有一天，一个工人慌慌张张地跑来报告说。

由于平时没有想到会发生火灾，路德维格急忙跑了出去看个究竟。

石油公司发生的火灾是无法救援的，只能在无可奈何的心情下，看着熊熊燃烧的火焰凶残地吞噬着他们多年的心血。路德维格痛心地道："我当初真该加强防火

富有的发明家——诺贝尔

设备!"

可惜的是,这种自责已于事无补,巨型的石油工厂片刻间化为了灰烬。

天道无常,祸不单行。诺贝尔兄弟石油公司在工厂失火后,又有一艘油轮在航海途中因火灾而沉没。

火灾给诺贝尔兄弟石油公司带来了致命的打击,如想重建工厂,需要一笔庞大的资金,该怎么办?路德维格终日愁眉不展。

资金难筹,正当他彷徨无计之时,阿尔弗雷德来信了。他说:"这场火灾,虽然令人万分惋惜。但我相信,以你的才能,要使工厂复苏并非难事。重建资金由我来资助,我这几年来炸药事业的顺利成功,不难为你筹足所需的款项。"

这封信犹如甘霖,使路德维格喜出望外。

不久,在阿尔弗雷德资金的援助下,巴库的石油工厂又恢复到以往的规模。

路德维格·诺贝尔不仅在石油事业上有着辉煌的成果,而且对高加索地区铁路建设事业有着伟大的贡献。

他于1888年撒手西去,享年仅五十七岁。

路德维格堪称俄国石油产业之父。他一生的成就与功绩,将如同阿尔弗雷德在火药界的声望一样,永留后世,在历史上留下光辉的一页。

罗伯特也因病回到故乡斯德哥尔摩调养,于1895年与世长辞,享年六十六岁。

※一场火灾使诺贝尔兄弟的石油公司顷刻之间化为灰烬,在一百多年后的今天,火灾仍然是石油行业防范的重点

飞行炮弹

"**硝**化甘油系列的可塑炸药具有与其他炸药之间截然不同的特性。"诺贝尔对他的助手说。

"有何不同?"他的助手问道。

"其他火药都是固体混合物。黑色火药是由硝石、木炭、硫黄混合而成,甘油炸药则是硝化甘油渗入硅藻土中所制成的。"

"嗯,有的还加入木屑……"助手补充说。

"就是这个意思。"

"那么这种可塑炸药组合成分是什么?"

"它的外形就和它的名字一样可以随意塑造,形状又像果冻的模样。它是在硝化甘油中加入微量含有硝酸纤维素的火药棉所造成的。"

"换句话说,它的每一个部分都很平均了?"

"是的,任何一种火药都无法像它一样匀称。"

"就是这样!"

助手们对阿尔弗雷德的解说仍然不是很明白。

"你们还不懂吗?只要炸药本身的每一个部分组织相同、含量一致,它们就可以按照同一速度进行燃烧。"

"这有什么用处?"

"你们的反应真是迟钝!火药不仅要用在矿石

富有的发明家——诺贝尔

※ 炸　药

"哦，诺贝尔先生，难怪以前用黑色火药作为弹药来发射的武器，命中率都很低呢。"

"是呀，必须在短距离内才能打中。"

"诺贝尔先生，你就是想用可塑炸药来作为大炮发射火药吗？"

"不！可塑炸药虽然具有同速爆炸的性质，但不适宜作发射火药，它的用途还有待详细研究。"

"诺贝尔先生，你从事火药研究，完全是为了制造武器吗？"

"不，我仍然是和平主义者。但光凭口说，是无法避免战争的，所以我希望制造威力强大的炸药，因为它的爆炸力能造成

爆破、开凿马路，还要利用在更精密的事物上。"

"我知道了，譬如用在大炮上，就可使炮弹以正确的速度发射出去。"助手似乎明白了一些。

"哈，你们总算想通了！如果你想瞄准远处海上的军舰，这个目标既远又小。若炮弹速度太快，必会飞越军舰；若是太慢，还没有到达目标就会掉落。所以要有正确的命中率，就必须使火药以正确的速度爆炸。"

※ 大　炮

不可思议的严重后果，这样才能阻吓那些好战人士，使他们不敢轻易发动战争。"

"那就是说你要研究制造出威力强大而且发射正确的火药了？"

"是的，我就是想要在硝化甘油系列的可塑炸药方面做更深入的研究。"

诺贝尔于是从硝化甘油系列无烟火药开始着手，希望能研制出各部更均匀且能完全燃烧的火药。

诺贝尔和他的助手们共同研究，把硝化甘油和火药棉以各种不同的分量混合后加以凝固，做成棒状、板状及颗粒状，以便试验它们的爆炸性质。

"这种调配最恰当，硝化甘油和火药棉成分各半。"

"不错，还要再加入百分之十的樟脑。"

"咦，樟脑？那不就像赛璐珞了吗？"助手奇怪地问道。

"是呀，这其实就是赛璐珞的一种，只是在硝酸纤维素中多了硝化甘油，所以点火后非常厉害！"

"的确，真是可怕的赛璐珞！"

由硝化甘油和火药棉做成的胶质炸药，也就称为塑胶炸药。

把做成棒状的火药拿来点火后统计所得到的结果，经多次记录比较，都是以同样正确的速度完全

知识链接

赛璐珞

赛璐珞是塑料的老祖宗，赛璐珞是英文"celluloid"的音译，它有两个意思：一是假象牙，二是电影胶片。过去的台球大多是有钱阶层的娱乐活动，到19世纪，在美国已非常盛行。那时的台球是用象牙做的，显得很高雅。但当时非洲的大象不断减少，美国差不多完全得不到象牙来制作台球，这可愁坏了台球制造厂的老板。于是宣布：谁能发明一种代替象牙作台球用的材料，谁就能得到一万美元的奖金。1868年，在美国的阿尔邦尼地方有一位叫约翰·海厄特的人，他本是一位印刷工人，但对台球也很感兴趣，于是他决定发明出一种代替象牙制作台球的材料。他夜以继日地冥思苦想。开始他在木屑里加上天然树脂虫胶，使木屑结成块并搓成球，样子倒像象牙台球，但一碰就碎。以后又不知试了多少东西，但都没有找到一种又硬又不易碎的材料。

功夫不负有心人。一天，他发现做火药的原料硝化纤维在酒精中溶解后，再将其涂在物体上，干

富有的发明家——诺贝尔

燥后能形成透明而结实的膜。他就想把这种膜凝结起来做成球，但在试验时一次又一次地失败了。但他并不灰心，仍然一如既往地进行探索，终于在1869年发现，当在硝化纤维中加进樟脑时，硝化纤维竟变成了一种柔韧性相当好的又硬又不脆的材料。在热压下可成为各种形状的制品，当真可以用来做台球。他将它命名为"赛璐珞"。

1872年，他在美国纽瓦克建立了一个生产赛璐珞的工厂，除用来生产台球外，还用来做马车和汽车的风挡及电影胶片，从此开创了塑料工业的先河。1877年，英国也开始用赛璐珞生产假象牙和台球等塑料制品。后来海厄特又用赛璐珞制造箱子、纽扣、直尺、乒乓球和眼镜架。

※台　球

从此，各种不同类型的塑料层出不穷，现在已经工业化的塑料就有三百多种，常用的有六十多种。至于用这些塑料生产出的形形色色的产品，那就数都数不清，遍及国民经济的所有部门。

赛璐珞的用途是多种多样的，远远超出了台球桌的范围。它能够在水的沸点温度下模塑成形；它可以在较低的温度下被切割、钻孔或锯开；它可以是坚硬的团块，也可以制成柔软的薄片（可以用来做衬衫领子、儿童玩具等）；更薄和更韧的薄片可以用作胶状银化合物的片基，这样它就成了第一种实用的照相底片。

现在它的最常见的用途就是做乒乓球，并广泛应用于化工、航天、机械、印染等方面。

燃烧。

"诺贝尔先生,这真是完美的试验!"助手兴奋地说道。

"嗯,完全成功了!这种火药不是只可用来爆炸,还会有更大的用途呢。"

"真不可思议!"助手叹道。

"我们马上用大炮试试看。"

于是诺贝尔订制了一个实验用的小型大炮。

经过多次试验,在大炮中装入的新火药,每次都能很准确地命中目标,毫无失误。

"诺贝尔先生的想法果然正确,你不仅在炸药的革新方面有重大成就,如今在发射性火药方面也有革命性的创新。"助手们都钦佩万分。

"这么粗重的大炮,竟能成为极度精密的机械,你们从未想到吧!"诺贝尔得意地笑着说。

"从此以后,战争的形式可能又要改变了!"诺贝尔若有所思地说道。

"诺贝尔先生,您这话是什么意思?"

"这就是说以前旧的炮弹只能对视线以内的物体发射,万一没有瞄准,还要重新调整炮口。如果炮弹落在目标前方,炮口要往上抬;如果炮弹落在目标后面,炮口就要往下倾。总得经常移动,有时候经过好几次调整,还不一定能击中目标呢。"

"那新的发射炮弹……"

"新的发射火药也就是塑胶火药,只要测出正确的距离,并调整火药的强弱及正确方向,稍微加以计算就可以命中目标。"

"这样不但方便省事,也不必再浪费炮弹了!"助手补充说。

"它不仅适用在目力可及的距离,就是无法看见的物体也能击中。"

"啊,能击中看不见的物体?"

"是的,在遥远地平线那端的敌人或隔山的目标。"

助手们无不愕然,诺贝尔看

※ 炮　弹

富有的发明家——诺贝尔

到他们半信半疑的神情，继续解释说："当然，对于那些看不见的地方，我们必须有正确的地理观念，也就是熟悉它的距离和方位。只要炮身角度正确，那么，射出去的炮弹绝不会出错，即使是我们看不见的任何目标，也可以命中。"

"真厉害！但一切能顺利无误吗？"

"你们等着瞧吧，这个理想很快就要实现了。"

大炮技术的改良，果然被诺贝尔言中，使大炮成为活的精密机械。

不久以后，炮击已经可以在不可见的双方间展开。就像海军舰队，双方互不可见，彼此距离遥远，但炮击仍可以激烈地进行。

后来人类登陆月球的壮举，也是同一技术的进步，使火药以极精密的正确性完全燃烧，推动太空飞船飞行于星际间而到达目的地。

火箭的发射，是靠着内部火药的燃烧产生冲力强大的气体的反作用力以推动火箭飞行。

燃烧气体喷出的速度若不正确，火箭就不能准确地发射。它飞往月球时的速度是每秒11200米，每秒间的最大差异不超过1米，其精确度可想而知了。

所以说人类文明能进入太空时代，诺贝尔的研究成果功不可没。

"真令人难以想象！诺贝尔先生，你决定如何命名这种新发明？"

"这……"诺贝尔似乎还没有想好。

"就叫它诺贝尔火药如何？"

"是不错，但怕它会与甘油炸药混淆不清。"

"哦，说的也是。"

"这种无烟火药既然具有飞行的功能，我们不如就叫它'飞行炮弹'吧。"

"好呀！"

于是由硝化甘油和火药棉制成的飞行炮弹产生了，但也有人管它叫诺贝尔火药。

知识链接

火 箭

"火箭"一词根据古书记载，最早出现在公元3世纪的我国三国时期，距今已有一千七百多年的历史了。当时在敌我双方的交战中，人们把一种头部带有易燃物、点燃后射向敌方、飞行时带火的箭叫作火箭。这是一种用来火攻的武器，实质上只不过是一种带"火"的箭，在含义上与我们现在所称的火箭相差甚远。唐代发明火药之后，到了

知识链接

宋代，人们把装有火药的筒绑在箭杆上，或在箭杆内装上火药，点燃引火线后射出去，箭在飞行中借助火药燃烧向后喷火所产生的反作用力使箭飞得更远，人们又把这种喷火的箭叫作火箭。这种向后喷火、利用反作用力助推的箭，已具有现代火箭的雏形，可以称之为原始的固体火箭。

19世纪出现了几项重大技术进步：燃料容器的纸壳改为金属壳，延长了燃烧的持续时间；火药推进剂的配方标准化；制造出发射台；发现了自旋导向原理等等。19世纪末，火箭开始用于非军事目的，如用火箭携带救生索飞向海上遇难船只。19世纪

发射中的火箭

末20世纪初美国科学家戈达德和其他几位专家奠定了现代火箭技术的基础，并发射了第一枚液体燃料火箭。

20世纪70年代，美国研制出全新的火箭动力航天运载工具，即航天飞机。它主要分三个部分：机身后部装有三台主发动机的轨道飞行器；装有液氢和液氧推进剂的外挂燃料箱（五分钟后脱落），保证主发动机工作；装有两台可分离的固体燃料火箭发动机（两分钟后脱落），它们与轨道飞行器主发动机同时启动，提供初始升空阶段的推力。1981年4月12日，人类第一架航天飞机"哥伦比亚"号发射升空。

富有的发明家——诺贝尔

在法国遭遇挫折

"**听**说诺贝尔又有新发明了,是真的吗?"当诺贝尔发明的飞行炮弹完成后,消息很快传到法国陆军总司令的耳朵里,就在他的办公室中,参谋长立刻被招来问话。

"是的,司令官!诺贝尔已将此新发明正式公开。是一种适用于大炮的发射火药,名叫飞行炮弹。"参谋长回答。

"具有多大威力?"

"我也没见过,既然是诺贝尔的发明,想必不是马虎草率的东西。"

"组合成分呢?"

"据说是硝化甘油和火药棉。"

"是无烟火药的火药棉吗?"

"是的。"

"就是以前我国发明的那种火药吗?"

"不完全相同。"

"我国自制的那种火药,使用效果如何?"

"很不错。"

"是吗?那我们法军就不必用外人发明的火药。而且为了维持我国的威信,也该使用自制的那种火药。"

"是的,长官说得有道理。"

法国军部对诺贝尔的新火药虽有浓厚的兴趣,

但由于诺贝尔显赫的声望遭到司令官的嫉妒,因此他不愿意购买新火药来助长诺贝尔的声望,认为使用自制的火药就足够了。

"报告司令官,诺贝尔是一位非常了不起的发明家,万一他的火药比我们的火药更具威力,那该怎么办?"

"嗯,这倒是很有可能的事,所以我们必须在新火药的制造开展之前,施以压力破坏这项工作。"

"要如何采取行动,总司令?"

"你等着瞧,我一定会找到机会的。"

诺贝尔根本没有防到这一着,他仍继续研究并宣传飞行炮弹的新功能。此刻的诺贝尔虽留居在法国,但法国政府却明显地表现出对他所发明的火药漠然无视的态度。

"法国当局真是愚蠢!以前普法战争中惨痛的教训,仍未使他们觉醒。"诺贝尔对法国政府发出了充满失望的感慨。

当时最重视诺贝尔发明的国家是意大利,意大利政府希望能与诺贝尔建立商业往来。

"法国忽视我的发明没关系,只要有其他国家重视它、承认它我就满意了。"

诺贝尔于是欣然接受意大利政府的要求,售货给意大利。

话题再回到法国陆军总司令的办公厅。

"你看,诺贝尔真是个危险的小人,他住在我们国境内并且做起生意来,如今还想把重要的军事装备卖给其他国家,这成什么话!"陆军司令气势凌人地说。

"是呀,如果再不加以制止,恐怕利益将尽归他国!"

"我们要先下手为强!"

向诺贝尔购买飞行炮弹的意大利政府,进一步希望在国内制造这种新火药,于是要求诺贝尔出售专利权,并向他请教制作火药的方法。诺贝尔欣然应允,并以五十万里拉作为交换条件。

"诺贝尔竟敢把火药制造方法售给意大利,真是可恶!快,快想办法制止他。"得到消息的法国陆军司令正式下令处置诺贝尔。

"用什么罪名?"参谋长问道。

"就以违反法国火药公卖法,封闭他的工厂,并将所有机械工具等一律没收。"

"是!"

一天早晨,当地警察闯入了诺贝尔工厂的实验室。

"这是怎么回事?"诺贝尔深感诧异地问道。

"你违反了火药公卖法,现在我们要查封你的工厂。"警员喃喃

富有的发明家——诺贝尔

※ 美丽的意大利

地念着查封书上的理由。

诺贝尔勃然大怒地说："真是笑话！什么叫违反公卖法？我多年来一直从事这一行业，曾给法国带来不少利益，你们竟来封闭我的工厂，简直是无理取闹！"

"你不必多费口舌，我们只是奉命行事罢了！"

警察们开始动手执行任务，诺贝尔向他们提出了严厉的抗议。

"这是我私人的研究室，不属于工厂任何一个部门，你们擅闯民宅，难道不怕违犯法令？"

然而警察对诺贝尔的抗议丝毫不予理会，他们一拥而入，把药品、实验器具及小型大炮统统带走。

"真是无法无天，岂有此理！随便捏造一个罪名诬告我、破坏我的工厂，这么下去真正会遭受重大损失的是你们法国。我也不想再逗留在这种国家了！"

诺贝尔决定离开久居的法国。他希望能够回到故乡瑞典去，但是在意大利的飞行炮弹火药工厂已告竣工，而且意大利是一个气候温暖的国家。经过再三考虑，他终于决定前往意大利定居。

诺贝尔收拾好研究所中残余的物品，起程前往意大利的圣雷莫成立研究所。

诺贝尔的飞行炮弹炸药并未因法国的破坏而一蹶不振，反而受到世界各国的承认与重视。1884年，他加入瑞典皇家科学院、伦敦的皇家学会和巴黎的土木工程师学会。

诺贝尔从此定居在意大利。

没想到飞行炮弹给诺贝尔又带

来一件不愉快的事情。

有一天，诺贝尔正在阅读一份英文杂志，突然吃惊地问道："这是怎么搞的？可鲁特炸药和我的飞行炮弹不是一样的吗？阿培尔怎会做出这种事来？"

"阿培尔怎么了？"旁边的助手问道。

"这份杂志提到阿培尔对火药棉的特殊贡献，说他将火药棉和硝化甘油及少量凡士林混合制成胶质炸药，塑造成各种形状，这些全都是很早以前我告诉他的。"

"他们在发表的文章中说这些都是阿培尔的发明吗？"

"是啊。"

"阿培尔和诺贝尔先生双方很早就有来往，在火药研究方面也常交换意见。他对飞行炮弹配方的成分自然很清楚，如今竟窃为己有，真是太不应该，太没有道义了！"

诺贝尔气愤之余，立刻向英国提出控告，说明阿培尔的可鲁特炸药，事实上已包括在他所发明的飞行炮弹专利范围之内。

虽然法院受理了这个案件，但英国当局拒不承认。因此可鲁特炸药竟成了英国人的发明。

这件事情成为诺贝尔一生中最严重的创伤，他为此深感遗憾而痛心。尽管在法国曾受到非礼的迫害，财物损失不赀，但他的名誉丝毫未受损害。如今他辛勤努力获得的精心创作，却轻易地被人剽窃，变成别人的荣耀。对于一个科学发明家来说，这是无法忍受的。

诺贝尔终于因过度忧郁而病倒了。

在这段沮丧的日子里，他曾写信给住在英国的朋友。

"人不该只为一点损失就小题大做，我也不例外。如果是个人，做错事还情有可原，但堂堂一个国家却罔顾道义，我实在无法想象他们何以还能安然立足于世？真是荒谬至极！因为此事，我在法庭上诉失败，赔偿了两万八千英镑，哎，我真是一个可怜又可笑的发明家！"

从这封信的字里行间，我们可以体会到阿尔弗雷德那种激愤、失望的心情以及无法平定的悲伤。

但由于他制造的无烟火药具有最佳性能，因此世界各国均竞相采用。意大利、德国、奥地利、瑞典、挪威等的陆海军无不为飞行炮弹欢呼，甚至英国也不例外。

诺贝尔因为飞行炮弹而遭受到许多非难、阻碍，但同时飞行炮弹也为他带来为数可观的财富。

多方面的发明

和平的使者

图 说 名 人

诺贝尔从法国迁居到了意大利的圣雷莫。意大利是一个面临地中海的美丽国家，气候温暖，风景优美；绵延的海岸线，宽阔的土地，堪称是最适合做火药研究和炮弹试验的地方。

他在此建立了一个研究所，其中包括图书室、天秤室和发电所需的一切设备。此外，还有一座试验火药爆发速度的长铁桥，他曾利用天然连绵的意大利海岸做过可飞行四千米距离的火箭试射。

诺贝尔来到意大利后，心情平静舒适，不仅更能安心于火药的研究，对于曾闪现于他脑中的

※19世纪的地中海

名人名言

人类从新发现中得到的好处总要比坏处多。

——诺贝尔

许多构想,以及盘旋脑中一直无法着手的各项研究,也都能一一地进行了。

"真没想到,诺贝尔先生您除了研究火药外还制造人造纤维。"一个来到圣雷莫研究所参观的新闻记者惊讶地说。

"研究人造纤维也值得惊讶吗?"

"我认为似乎只有那些爆炸物品才能代表诺贝尔先生的事业,也才能成为引人注目的报导。"

"不会的,哪有这种道理?你看看这些线多美啊!"诺贝尔指着那些他发明出来的人造纤维对记者说。

"哦,原来这些美丽的线丝是从矿化纤维中提取出来的,这就不足为怪了。"听着诺贝尔的详细介绍,新闻记者明白了一些。

"你知道这个玻璃器上用来穿过细线的小洞是如何形成的?"

"这么小的洞,恐怕比针孔还细吧!"

"只要把纤细的白金丝放入玻璃中,等它成形后再用王水溶化其中的白金丝,就可留下这个小洞了。"

"我知道王水能溶黄金、白金等不易熔化的金属,它是硝酸和什么药剂混合的呢?"

"硝酸和盐酸。"

"真是奇妙的方法!"

其实在诺贝尔研究人造纤维的同时,有一位叫夏尔多内的法国人,已先完成了这项研究,而成为人造纤维之祖。

"这是什么?"新闻记者又指着一件东西问诺贝尔。

"人造皮革。"

"怎么制造的?"

"它也是由火药棉与不易挥发的液体混合而成,质地柔软而轻便。我还有制作人造橡胶的打算。"

"诺贝尔先生,您提到火药用途极广,确实可用在许多方面吗?"新闻记者又把话题回到了火药

※人造宝石

富有的发明家——诺贝尔

上面。

"是的,我既然是一个和平主义者,与其发明危险的武器,不如把这些时间用在日常用品的发明上。"诺贝尔似乎不想回答这个问题,把话题转移了。

"我深表赞同。咦,这像砂的东西是什么?"

"这是氧化铝,制造人造宝石的材料。"

"人造宝石?"

"是的,红宝石和蓝宝石都是铝的氧化物,也就是氧化铝所构成的稀有玉石;但要使氧化铝溶解再凝固,需要在2000℃的高温下才能达成。"

"哦,您是说完成人造宝石的过程,必须要在2000℃高温下进行吗?"

"是的。"

"我想不透,诺贝尔先生,人造宝石和火药似乎一点儿也牵扯不上嘛!"

"不,他们有很密切的关系。当火药爆炸时,会产生高温,使气体膨胀,爆破物体。"

"我知道了,就是要利用火药爆炸所产生的高温使氧化铝溶解,以便制成人造宝石。"

"哈哈!您似乎不该当记者,倒很适合当个科学家。怎么样?是否愿意留下来做我的助手?"诺贝尔开玩笑地说。

"谢谢您,我觉得还是当我的记者比较习惯。对于宝石的研究您已得到预期的效果吗?"

"还没有,只能在显微镜下看到小小的颗粒。"

"用显微镜来欣赏宝石?那可真糟!"

关于人造宝石,后来由法国人柏诺力在1904年以氧和氢的合成燃烧产生高温的方式完成宝石的制作程序。现在世界各地可见的人造宝石,都是依照此法完成的。

由此种种,我们可以知道诺贝尔的研究工作不只局限于火药一方面。

"诺贝尔先生,过去您除了发明火药外,可还有其他产品?"

"太多了,我一时想不起来。"

"哦,多到这种程度吗?"

"是的,已得到专利权的就有355件。"

"啊,已经有355件取得了专利?"

"是的,如果把没有取得专利,或一时觉得有趣加以研究的全部包括在内,恐怕就不止此数了。"

"真是了不起!像我一件也发明

不出来，真是惭愧。现在就麻烦您在许多发明中，列举一两件您印象最深刻的，作为我写作的参考。我希望能以《火药之外的诺贝尔》为题，作一次精彩的报导。"

"是吗?那我希望您的报道不要写得太玄妙、太离谱了!"

"这点您可以放心，我会据实报导。"

"刚开始，我并不局限于火药的研究，所以第一次取得专利的，也是我记得最清楚的，是二十三岁时发明的水压计量器。"

"水压计量器?真是奇特!"

"第二件是非水液体计量器。"

"都是计量器吗?"

"是呀，接下来就是晴雨计。"

"哦，就是气压计吧，现在已经从液体变成气体了。"

"后来我到了巴黎，在菲力巴哈先生那里继续研究。"

"研究哪一类?"

"不外是火药，但今天不谈这个。我另外还学习煮制硫酸的方法并研究冷却器，也设计液体汽化的装置、重油油灯，尤其是石油连续蒸馏法的发明，对我两位哥哥在俄国的石油事业很有帮助。"

"您的发明的确为数不少!"

"不只是这些，还有一项最特别的发明，在1878年取得法国专利。"

"是什么?诺贝尔先生，请快告诉我。"

"汽车自动刹车装置。"

"真妙!您也对机械感兴趣?"

"其实这也不足为奇。我本来就是个机械技师，曾经发明过汽锅。"

"诺贝尔先生，您脑部构造是否异于常人?谁都不相信普通的头脑竟能创造出这么多东西!"

"哈哈! 不久我的铸铁精制法又得到英国专利，这是使铸铁精纯、除去其中杂质的方法。"

"这下子又变成铁匠，您似乎样样精通，无所不能!"

诺贝尔的发明才能是多方面的，这使采访他的记者由衷感到钦佩。

"今天就不再打扰您了，这些资料已足够我写一篇内容丰富的报道。相信读者们的惊讶必定非同小可，毕竟一般人对您知道的太少，除了火药以外，其他就一无所知了!"

"或许是吧，哈哈哈!"

诺贝尔满心喜悦，开怀大笑起来。

"咦，那边那个像大炮的东西

富有的发明家——诺贝尔

是什么?"

"这个吗?这是加农炮,是可以发射任何强大威力火药的特殊大炮。"

"此外我也研究各种炮身构造。"诺贝尔补充说。

"我想冒昧地请教一句,刚才不是说您是一个和平主义者吗?"

"是呀。"

"那您为何研制兵器?火药虽也属于武器,但它尚可用来开山挖路;至于大炮,除了战争,似乎再没有其他的用途了。"

"说得不错,但这仅属于我学术研究的一部分。我从没有考虑过它在军事上的用途与威力,这一点希望您能了解。"

"我相信诺贝尔先生的和平论,至于大炮我倒想起了它的和平用途。"

"真的吗?"

"您想想,它不也可以作为捕鲸的工具吗?"

"嗯,说得有道理。亏您想象力丰富,否则我今天就难逃一劫,在您的面前出尽洋相了!"

"您真爱说笑,今天谢谢您接受我的访问。"

"不客气。"

由此可知,诺贝尔的发明不只限于炸药,而是多方面的。此外,他对医学、生理学、血液的研究方面也有浓厚的兴趣,这也许就是医学奖成为诺贝尔奖项目之一的原因吧。

由诺贝尔的工作中我们不难察觉出他具有多方面的才能与心无旁骛的专一情操。他所从事的每一项发明,不论是科学的还是技术的,都和他的才能与情操有密切的关系。

在许许多多的发明里,没有一件成果是凭空得来或一蹴而就的,全是他花费一番苦心、深入探讨的结果。换言之,他是以幼年时玩火药的好奇与专一的心态来从事各种深入研究的。

最后的遗嘱

"**我**已年迈,虽然事业蒸蒸日上,究竟岁月不饶人,我还能度过多少个寒暑呢?"有一天,诺贝尔感伤地思忖着。

此时的他已经五十六岁,成了一个头发斑白的老翁。

"人生不过数十寒暑,我身后之事,又将如何?"诺贝尔对逝去的岁月不禁黯然。"我在事业上所获得的财富,难以计数。这笔庞大的财富,在我死后又有何用?既无法带入地府,又无人继承。

※每年的诺贝尔奖颁奖仪式都使得斯德哥尔摩成为世界的焦点

富有的发明家——诺贝尔

我必须在一息尚存的日子里，将它做有意义、有价值的安排。"

诺贝尔希望找到最适当的方法，使他的遗产得到充分的利用。

"实在百无头绪，幸好我尚未到老死的地步，还有时间做长远的计划。"他虽未想出解决之道，但岁月却无情地在悄悄流逝。

"我一步步迎向死神，事情却毫无着落，假如我找人商量此事，恐怕又要引来一大群要求捐献的人。"

他首先考虑到的是捐款给斯德哥尔摩医学专科学校。

"医学是人类幸福中最重要的一节，为使人类幸福延绵，减少病痛，就必须大力支持医学研究工作。因此拨出一部分财产作为瑞典卡洛林斯卡研究院的研究资金，应该是件很有意义的事。"

诺贝尔因此决定捐助斯德哥尔摩医学教育的研究和补充医院的设备。"只要我成竹在胸，其他繁杂的琐事就让别人去操心吧！"

1893年，诺贝尔拟好遗嘱："以医学为首，其次是世界和平。我该为世界和平尽点心意。"

诺贝尔决定以他百分之十七的财产作为卡洛林斯卡研究院和瑞典医学界、维也纳和平协会、巴黎瑞典俱乐部等组织的基金。

"总算解决一部分问题了，至于其余的财产应该以全人类的幸福为前提。瑞典是我生长的故乡，为了祖国的繁荣，贡献我个人的力量，是理所当然的。但如果只顾虑到我的国家、我的民族，未免心胸太狭隘了。这种地域观念正是阻碍世界通往大同之路的绊脚石！"

诺贝尔虽属瑞典籍，但他的足迹遍及欧美各国，也曾受到许多国家的照顾。

"我生于瑞典，长于俄国，在美国、法国接受知识的启蒙，又曾到德国养病，如今在意大利安度余年。建立在各国的甘油炸药公司使我获得各国人士的支持，同时也获得了最大的利益。"

他回忆过去，深深感受到自己与世界各国有牢不可分的关系，原来根植于内心的爱国情操已扩展为对全世界和全人类的爱。"追求幸福是人类的欲望，享受幸福是人类的权利。我的财产只有用在消除战争与促进文明上，才能发挥最大的功能，所以仅仅使瑞典独享幸福，并非上上之策。"

为了全人类的幸福，诺贝尔已经有了最后的安排。

1895年11月27日，诺贝尔为遗留给人类的庞大财富定好了使用途径，他写下一份详细的遗嘱：

凡是对世界有重大贡献者，都应当给予奖励。

为了真正的和平，这个奖励不分国籍、不分种族。人种歧视是战乱的根源，人类虽然有肤色上的差异，但怎么能因此判定其优劣？何况任何一个种族，都有成就大事的伟人。歧视别人，是最愚昧、最无知的行为！

因此，诺贝尔奖的受奖人，不受国籍、种族与信仰的限制。

哪一种成就才值得予以受奖资格？首先，他想到科学，因为科学是改善人类生活最伟大、最具体的动力。可是科学的门类不胜枚举，若不指明，就显得太笼统了。

与人类最接近的就是日常所需，诸如机械、电动器具等，这是物理学的范畴，应该设立一项物理奖。

至于在物理制品的产生过程中，少不了化学程式，也不能忽略了自己的本行，也应该设立一项化学奖。

于是，物理与化学奖由此产生。

喜爱文学，常在工作之余欣赏文学作品，又喜欢创作的诺贝尔，认为文化的传播具有其他科学所无法代替的作用。文学能揭发人性与社会的真实面，引导人民走向中正之道，因此具有启发作用的文学作者，也该受到奖励。

只要是有内容、有思想，能辨别是非善恶，主持公理的优秀作品，便可入围。

于是，文学奖也诞生了。

他仍觉得有所欠失，身为一个和平主义者，怎么能忽视对人类和平有贡献的人？

"能消弭战争、促进和平的人也该列入受奖名单，但是应以何种名誉受奖？嗯，就叫它和平奖吧！世界上任何一个角落，都有为争取人类真正和平而与邪恶对抗的人，他们的努力不该受到冷落。"

当时诺贝尔的财产总数是三千一百二十八万克伦，折合英镑大约是一百七十万，折合美元大概是九百二十万，这笔巨款存放在银行里，把每年滋生的利息（初期约二十万美元）作为"对人类幸福最具贡献者"的奖金。

根据诺贝尔的遗嘱，指定利息必须分为五等份，作为五种奖金颁发。

"我已尽全力地为人类和平幸福作最后的努力，多年来心中的不安今已尽释，我可以安心离去，死而无憾了！"诺贝尔卸去双肩的重担，顿感轻松无比。

富有的发明家——诺贝尔

"能像我一样幸运,终身幸福的人实在不多!"虽然年老而行动不便,但躺在床上的诺贝尔终日笑容满面,愉快地写着小说。他自嘲地说:"纵使其他的奖我已无望,但我还能写写小说,争取获得文学奖!"

诺贝尔的晚年是安详平静的。但在回忆往事时,他感到,自己毕生的努力和心血并没有得到世人的理解:"从这个意义上说,我的一生失败极了,我简直白白活了这么一大把年纪。"

的确,在普通人眼里,诺贝尔是一个唯利是图,为了得到利益甚至不惜把人类推向战争的人。

很少有人能明白诺贝尔的真正心迹。虽然是一个发明、生产炸药的大企业家,但阿尔弗雷德并不是一个狂热的战争叫嚣者。他热爱和平和自由,对人类的前景充满了美好的向往。人们或许会说:"这不可能,这种情况完全是自相矛盾的。"但是如果了解了诺贝尔的思想,这个矛盾也就迎刃而解了。

从少年时代起,雪莱的思想就在他身上留下了深刻的烙印。这位英国杰出的浪漫主义诗人对暴政、对愚昧无知、对黑暗的统治无比愤怒。他的叛逆精神源自于内心对人类的深切而热烈的挚爱,来自于对和平、正义的追求和向往。

诺贝尔一直认为,发明一种威力强大、能使两军阵营在一瞬间同归于尽的武器,比任何一种对和平主义的鼓吹和宣传都更要有力量。因为这样将迫使各国政府不敢轻举妄动,不敢随随便便发动战争,战争爆发的可能性甚至会因此缩小至零。

然而令他不解的是,人们似乎总是把注意力放在他在炸药研究的一系列进展上,而对他的其他研究不闻不问,这愈发加深了对他的误解,令他深感苦恼。

"既然人们不明白我奋斗的真正动机是什么,甚至自以为是,一味曲解我行动的真正意图,那么我阿尔弗雷德在世之时无疑为世人树立起了一个反面榜样。"诺贝尔痛苦地想道,"这岂不是与我造福人类的理想背道而驰了吗?"

一想到自己生前蒙受不白之冤,死后还要饱受指责,继续被人指指点点,戳脊梁骨,诺贝尔就不寒而栗。他急切地想要向世人表白自己的心迹,让他们了解自己真正的内心世界。

"现在我剩下的日子已经不多了,也许只有在我死后,人们才会真正理解我。"路德维格死后报纸上刊登的那篇错误的报道更让诺贝尔忧心忡忡，他逐渐萌生了通过自己的遗嘱来进行补救的想法。

1889年，诺贝尔写信给一位瑞典的朋友：

> 麻烦你为我找一个瑞典律师，为我起草一份合适的遗嘱。我已经两鬓斑白，筋疲力尽，必须摆脱尘世的烦恼。我早就该做出准备了，可是还有许多事情要做。

没过多久，律师就寄来了遗嘱的草稿，并且提出了自己的建议。他劝诺贝尔将遗产捐赠给斯德哥尔摩学院。

审慎的诺贝尔没有立即接受这条建议，在回信中他写道：

> 感谢你寄来了遗嘱的样本。我将考虑向这所学院捐款。可是，究竟应该鼓励青年人埋头读书，还是四处闯荡呢？对此我还没有拿定主意，这实在是个难题。

到1893年，诺贝尔已经不像以前那样，因为急于表明心迹而贸然行动了。他开始理智地对自己的事情进行一番细致的考虑。

从少年时起，诺贝尔就受母亲的影响。诺贝尔终生对母亲深怀敬爱之情。他成为举世闻名的发明家后，希望母亲与他住在一起，度过一个幸福的晚年。但卡罗琳娜却坚决不同意，因为她深知儿子太忙了，她不想影响儿子工作。她也放心不下在瑞典的土地下安息的丈夫和小儿子。

她对诺贝尔说："谢谢你，阿尔弗雷德。你不要挂念。到我这里来的亲戚朋友不是很多吗？我有许多好朋友，实际上我还有一个非常好的兴趣。"

在母亲晚年，诺贝尔每年总给她汇寄许多钱。母亲从未挥霍过一分钱，母亲对他说：

> 你每月给我寄来钱，我很高兴，也很感激。但是不能只是我一个人享受这样的幸福。社会上有许多贫困的人，生理上有缺欠的人，没有家庭的人等许多不幸者。我过去曾想，怎样才能把你勤奋工作赚来的宝贵的钱用得更有意义。我并没有挥霍，而是用得很节省。我把剩下来的钱用于救济那些不幸的人。阿尔弗雷德，你大概还没有忘记你当年也有过贫病交加的时候。我想，对于我做的事情，你一定会感到高兴的……

诺贝尔对母亲的敬爱之情顿时更为强烈了，他感到无比幸福。

富有的发明家——诺贝尔

可以说,母亲的博爱精神和实际行动,对以后诺贝尔决定设立"诺贝尔奖"的想法,起到了巨大作用。

他在心里暗自祈祷:"妈妈,为了我,为了社会上那些不幸的人,希望你永远活在世上。"

诺贝尔从小就把帮助别人的善举视为人生乐趣,成年之后更加急公好义、乐善好施。如何才能更好地利用自己的钱财帮助他人而不至于被那些用心险恶的人所利用?

诺贝尔花费了几乎一生的时间才逐渐意识到,漫无目的地接济并不是有效的行善方式,那些最需要帮助的人可能依然在水深火热中煎熬,而得到帮助的却往往是那些根本不值得帮助的丑恶、狡诈的人。

把自己的遗产随随便便捐献给某个组织或者机构,是草率而不负责任的做法,必须把这笔钱用到那些最值得得到奖励的人身上。就在1893年,诺贝尔起草了一份遗嘱。在这份遗嘱中,诺贝尔把他的财产用来奖励科学领域的先驱,他还不忘自己的和平理想,特别为成绩卓著的和平战士设立了一笔奖金。他把颁发奖金的时间限制在三十年。

到了1895年,诺贝尔对自己遗产的这种处置方式产生了不满。

"毫无疑问,原来的遗嘱还很粗糙,许多细节方面的问题还没有考虑到。"

经过反复思索,诺贝尔有了一个不成熟的设想。

"如果这笔遗产仅仅只能对几十年间的少数几个杰出的人物产生帮助,那是远远不够的。我的全部遗产应当用于为人类谋福利的事业,这将是一项伟大的'慈善事业'!

"我将用这笔财产来设立一个基金,用基金的利息来奖励人类的伟大成就,奖励那些既充满英雄气概,又有求知精神的伟大人物,这些人物用无畏的精神探索着那些未知的神秘领域。

"在这个世界上,有多少天赋优秀的科学家因为饥寒所迫,为了解决温饱,为了养活妻子儿女而不得不放弃那些看似没有实用价值、其实妙用无穷的基础理论研究,而从事其他无益的研究来维持生计。我的遗产将帮助他们渡过难关,鼓励他们一往无前,实现自己的理想,从事自己心爱的研究。

"什么是英雄?什么是杰出的科学家?仅仅因为他在科学研究上成就突出吗?不!只有那些具有高尚的道德情操、不是为了自己的私利而进行发明创造的人,才配得上这些称谓。是不是研究成果越有用,所谓的成就就越伟大?不,不应当

※诺贝尔奖颁奖现场

这样来衡量,而应当看他们进行研究工作的动机。如果他们的研究是为了获得更多与人类有关的知识,是与人类更美好的未来息息相关的,那么,哪怕他们的成就在现实中并没有多少实用价值,也是了不起的。"

这是一个大胆而高尚的设想,但是,诺贝尔想要更进一步实现这个设想的时候,又碰到了难题。用什么方法才能将这些设想付诸实施?怎样才能让子孙后代明白他的这番良苦用心?

诺贝尔苦思不得其解,直到他碰到了一个异想天开的冒险家,才触发了他的灵感,令他豁然开朗,找到了处置自己遗产的最好办法。

这位冒险家名叫安德烈,是一位能力出众的人。他精力充沛,不安于现状,总是在寻求突破,从不甘于平庸。

在资助安德烈进行探险的过程中,诺贝尔深受启发,他的遗嘱设想也最终趋于成熟。

诺贝尔很早的时候就形成了这样一种观点:人民群众的激情和力量是惊人的,但是也具有一定的盲目性。这种力量一旦运用不当,盲目冲动的群众被个别花言巧语的阴谋家煽动起来,他们很可能成为一股破坏性极强的力量,甚至可能成为一批战争狂人;而如果群众的注意力能够被吸引到健康有益的事业上去,那么其作用也是难以估量的。

现在,安德烈的这次行动使

他领悟到：如何引导群众，如何将他们的注意力转移到有益于人类的事情上，是值得认真考虑的一个问题。

"毫无疑问，只有那些伟大的人物才具有这种力量。他们高瞻远瞩，德高望重，能够以自己的美德和杰出才智令民众心悦诚服，并将他们紧紧聚集在自己的周围。他们的思想、言论将对民众产生深远有益的影响，能够将他们的注意力转移到自己的丰功伟绩上来，从而为群众树立起一个好榜样。

"我的财产将成为吸引民众注意力的一个工具，那些为世界和平、人类幸福作出贡献的人应该得到名誉和奖励。这些无私的探索者为了使别人过得更幸福，甚至不顾惜自己的生命和安危，如果他们不是领导群众的人物，那么还有谁配得上呢？"

就这样，经过长期的酝酿，诺贝尔的遗嘱终于考虑成熟了，1895年11月27日，他在巴黎亲笔写下了他最后的遗嘱。

诺贝尔在给索尔曼的信里曾经写过："我从不借用的两件东西是金钱和方案。"毫无疑问，这两种东西对他来说，都是绰绰有余的。然而，使这位发明家越来越感到致命般痛苦的，是时间、睡眠、健康与平静的不足。他一生不得休息的状况，现在要算账了。尽管他不断表示相反的愿望，但1895年至1896年，对于"那些迫切要求改变和完善的事情"来说，的的确确是其一切图谋、规划和期望的进程中大变迁的年头。这些事情分布在地上、地下、海洋和天空。他曾用五种语言在日记、报告、草图和信件里，在诗歌和散文里，以及在数字和统计表里，亲手将这一切写了下来。在他生前最后的两年中，大量文件都注有日期，只有几周时间的间隔，那是由于他从圣雷莫到巴黎、布鲁塞尔、苏黎世、柏林、汉堡、伦敦、斯德哥尔摩和福尔斯进行没完没了的巡视旅行，以及由于到埃克斯莱班和卡尔斯巴德等休养地而中断的。

但任何事情都有一个界限。这位当时将近六十三岁的人，几十年来那种永不枯竭的智力和一往无前的精神，使得他周围的人感到敬佩。

诺贝尔在1896年同索尔曼一起度过了他最后一个夏天和秋天。当他在比耶克博恩和博福斯鼓励和指导广泛的技术工作时，他被那里的助手们看成是一个内行。8月，他的哥哥罗伯特死了。他自己在遭到他称之为"尼夫尔海姆鬼魂的来访"

的病痛(严重的偏头痛和血管痉挛症)后，他终于明确认识到必须采取措施。他到南方并在巴黎请专家进行了诊断。他被告知说，他得的是一种厉害的心绞痛症，因此他必须绝对休息。这句话所掩藏的意思是，现在是准备后事的时候了。

现在举世皆知的他那份处理身后财产的遗嘱，是在1895年患病初期就起草好了的，并且存放在他出生的城市斯德哥尔摩的一家银行里。这件事可以被看成是他认为自己真的属于那个城市的暗示。他现在想：有必要与一两位可靠的朋友，包括路德维格的儿子、他那位在圣彼得堡石油公司当头头的侄儿，谈谈这件事，然后去一趟巴黎。医生们的判断，还使他采取了在那种情况下很不平常的另外一些行动。这些行动别的姑且不谈，却一点也显示不出诺贝尔在临死前的思想痛苦：他亲自仔细地监督了当时在圣雷莫公园为索尔曼一家建造的一座别墅；他卖掉了为自己在圣雷莫拉车的马匹，并且在巴黎买下了三匹新马和漂亮的马具来替代它们。

除了像通常那样坚持写日记外，他还把时间花在最不寻常的写作上。他穿着睡衣，头痛地坐在那里，忙着赶写一部受到雪莱影响的悲剧《复仇女神》，以及在创作一部以不久前那场使他非常伤心的线状无烟炸药诉讼案为背景的剧本，他给这个讽刺剧取名为《专利细菌》。这是两部奇妙的著作，在很多方面反映了作者的典型性格，包含着揭露生活和人物的痛快淋漓的哲学语言。

此外，他每天还要就多样的生意计划及复杂的化学试验处理亲手写下十几封信。他于10月在给索尔曼的一封信里写道："说起来就好像是命运的讽刺，我必须遵命服用硝化甘油。他们把它称为三硝酸酯，以使药剂师和公众不致害怕。"

他的最后一封信是于1896年12月7日在圣雷莫写给索尔曼的。诺贝尔是在两个星期前到达那里的。这封信就好像他在健康时写的那样，谈的是一种新的硝化甘油炸药，末尾的几句话是："不幸的是，我的健康状况再次恶化，连写这几行字都有困难。但是，一旦当我能够的时候，我将回到这个使我们感兴趣的题目上。您忠实的朋友，阿尔弗雷德·诺贝尔。"

从他那与往常一样清楚、易懂与端正的笔迹中，看不出他正处于崩溃的时刻。但是，他却再也不能回到那个曾经使这位才气焕发、精力旺盛的人终生感兴趣的题目上去了。这封未寄出的信放在他的写字台上。